现代高校书院制建设研究

温素楠◎著

吉林出版集团股份有限公司
全国百佳图书出版单位

图书在版编目（CIP）数据

现代高校书院制建设研究/温素楠著. -- 长春：吉林出版集团股份有限公司, 2024.8. -- ISBN 978-7-5731-5684-6

Ⅰ. G649.2

中国国家版本馆 CIP 数据核字第 2024QB7665 号

现代高校书院制建设研究
XIANDAI GAOXIAO SHUYUAN ZHI JIANSHE YANJIU

著　　者	温素楠
责任编辑	祖　航
封面设计	张秋艳
开　　本	710mm×1000mm　　1/16
字　　数	200 千
印　　张	10
版　　次	2025 年 1 月第 1 版
印　　次	2025 年 1 月第 1 次印刷
印　　刷	天津和萱印刷有限公司

出　　版	吉林出版集团股份有限公司
发　　行	吉林出版集团股份有限公司
地　　址	吉林省长春市福祉大路 5788 号
邮　　编	130000
电　　话	0431-81629968
邮　　箱	11915286@qq.com
书　　号	ISBN 978-7-5731-5684-6
定　　价	60.00 元

版权所有　翻印必究

前　言

书院是我国教育史上的一颗璀璨明珠，起源于唐代，在发展过程中影响力逐步扩大，至清代已成为主要的教育教学场所。受我国影响，韩国、日本、越南等国家亦在历史上建立了众多书院。这些书院不仅是知识的殿堂，也是东方教育组织形式的生动体现。在宋代和明代，一些著名的书院脱颖而出，在教育和教学方面展现出了独特的魅力，如强调教学与研究的融合，倡导自主学习，保持门户开放，采用"讲会"等形式进行学术交流，以及营造师生关系融洽的氛围。书院在我国历史上培养了大量的人才，在推行德治良俗、保存发展学术、普及文化教育等方面发挥了重要作用。可以说，书院在我国教育史上留下了不可磨灭的印记。

书院教育作为独立的教育体系，涵盖各教育领域和层次，其教育对象具有广泛性，囊括从童蒙、少年到成年的各个年龄段的学生。书院教育教学内容较为丰富，主要分为普通文化知识、高深学术研究、特种知识与技能三大类，并分别对应普通书院、学术型书院和专科类书院。书院教育不仅涵盖了古代知识体系，还融入了近代西方科学知识与技能，教育内容具有开放性和完整性。书院的教育模式弥补了私学的局限，展现出教育的活力。这正是书院教育能涉及不同领域，形成独立体系并长久存在的重要原因。

本书在内容上共分五章：第一章为现代高校书院制导论，主要就我国高校书院制的发展历程、我国现代书院制管理制度的发展趋势、现代高校书院制的内涵与特征、现代高校书院制的发展层次四个方面展开论述；第二章为现代高校书院制的理论基础，主要围绕中国古代书院制的发展与启示、西方国家住宿学院制的借鉴、书院制在高校中的价值、高校实施书院制的必要性与可行性四个方面展开论述；第三章为现代高校书院制学生管理模式研究，依次为书院制学生管理模式概述、书院制学生管理模式现状、书院制学生管理模式的优化策略三个方面的内容；第四章为基于不同视角的高校书院制建设，依次介绍了场域理论视角下的高校书院制、交往理论视角下的高校书院制、体验学习视角下的高校书院制、协同共生视角下的高校书院制四个方面的内容；第五章为现代高校书院制建设实践，依次是书院制下高校通识类教育建设、书院与学院的分工与合作研究、现代高校书院发展评价体系、高校书院制人才培养模式、中国高校书院制典型事例。

在撰写本书的过程中，作者参考了大量的学术文献，得到了许多专家、学者的帮助，在此表示真诚感谢。由于作者水平有限，书中难免有疏漏之处，希望广大同行指正。

温素楠

2023 年 11 月

目 录

第一章 现代高校书院制导论 ... 1
- 第一节 我国高校书院制的发展历程 ... 1
- 第二节 我国现代书院制管理制度的发展趋势 ... 5
- 第三节 现代高校书院制的内涵与特征 ... 11
- 第四节 现代高校书院制的发展层次 ... 20

第二章 现代高校书院制的理论基础 ... 24
- 第一节 中国古代书院制的发展与启示 ... 24
- 第二节 西方国家住宿学院制的借鉴 ... 31
- 第三节 书院制在高校中的价值 ... 37
- 第四节 高校实施书院制的必要性与可行性 ... 41

第三章 现代高校书院制学生管理模式研究 ... 47
- 第一节 书院制学生管理模式概述 ... 47
- 第二节 书院制学生管理模式现状 ... 56
- 第三节 书院制学生管理模式的优化策略 ... 59

第四章 基于不同视角的高校书院制建设 ... 72
- 第一节 场域理论视角下的高校书院制 ... 72
- 第二节 交往理论视角下的高校书院制 ... 81
- 第三节 体验学习视角下的高校书院制 ... 85
- 第四节 协同共生视角下的高校书院制 ... 96

第五章　现代高校书院制建设实践 … 99
第一节　书院制下高校通识类教育建设 … 99
第二节　书院与学院的分工与合作研究 … 107
第三节　现代高校书院发展评价体系 … 127
第四节　高校书院制人才培养模式 … 137
第五节　中国高校书院制典型事例 … 139

参考文献 … 151

第一章 现代高校书院制导论

本章为现代高校书院制导论，主要就我国高校书院制的发展历程、我国现代书院制管理制度的发展趋势、现代高校书院制的内涵与特征、现代高校书院制的发展层次四个方面展开论述。

第一节 我国高校书院制的发展历程

现代书院制是在传承古代书院传统的基础上，融合西方住宿学院制专长，采用"学院＋书院"双重管理的一种新型学生教育管理模式。它以宿舍为依托，通过开展通识教育促进学生的全面发展。

一、本科院校

我国较早实行书院制的本科院校有西安交通大学、复旦大学、汕头大学、肇庆学院等高校。西安交通大学 2005 年开辟文治苑，2006 年组建彭康书院，2007 年建立文治书院和宗濂书院，2008 年成立仲英书院、南洋书院、崇实书院、励志书院、启德书院，2016 年成立钱学森书院，各个书院以促进大学生全面发展为目标，开展富有书院特色的教育活动，取得了丰硕的成果。复旦大学在 2005 年成立复旦学院，作为学校实施通识教育的机构，后来又在该学院内先后成立了志德、腾飞、克卿、任重、希德 5 个书院。2012 年 7 月复旦学院主要负责本科一年级学生的教育教学管理工作，新生入校后不分专业直接进入复旦学院，接受一年的文理综合教育与基础教育，然后才进入专业院系学习专业知识。2012 年 9 月复旦大学成立新的复旦学院（本科生院），开始全面试点大学本科四年的书院制教育及管理工作。汕头大学从 2008 年开始探索书院制，第一个书院——至诚书院紧紧围绕学校的改革总体目标，成为学校"先进本科教育"的重要组成部分。至诚书院致力于推进专业教育和人文教育的融合，践行"建立自我，追求无我"的育人理念，为学生的健康成长提供了更好的服务和更有力的支持。其英文名称取自拉丁文的 Veritas，中文名字取自《中庸》的"唯天下至诚，为能尽其性"。其推行文化（culture）、文明（civility）、品格（character）、关爱（care）的4C育人，追求从偏重"专业培养"向"全人教育"转变。经过长期的探索与实践，汕头大学于2016年9月新增4所书院，并于2017年完成所有旧宿舍改造，继续推进书院制改革，共建成9所书院。肇庆学院2009年成立力行书院，开始探索书院制，此后共成立了4所书院，形成了"学科专业学院制＋生活社区书院制"的书院管理模式，服务于应用型人才的培养。截至2024年，我国实施书院制的部分本科院校概况如表1-1-1所示。

表1-1-1　我国实施书院制的部分本科院校概况

地区	数量	名称
北京	7	北京大学、清华大学、北京师范大学、北京航空航天大学、北京理工大学、首都师范大学科德学院、中国人民大学
上海	7	华东师范大学、复旦大学、华东政法大学、华东理工大学、上海科技大学、上海大学、同济大学
陕西	7	西安交通大学、西北农林科技大学、西安外事学院、西京学院、西安电子科技大学、西安建筑科技大学、西北工业大学
江苏	5	江苏海洋大学应用技术学院、江苏师范大学、苏州大学、南京审计大学、南京师范大学
浙江	6	绍兴文理学院、浙江万里学院、浙江大学、浙江工业大学、台州学院、温州大学
广东	12	汕头大学、肇庆学院、南方科技大学、暨南大学、香港中文大学（深圳）、南方医科大学顺德校区、广东药科大学云浮校区、东莞理工学院、华南理工大学、广东外语外贸大学、佛山科学技术学院、中山大学南方学院
山东	6	青岛大学、山东大学青岛校区、中国海洋大学、潍坊学院、聊城大学、哈尔滨工业大学威海校区
福建	3	厦门大学、泉州理工学院工学院、厦门工学院
天津	1	南开大学
湖北	1	武汉大学
河北	3	河北联合大学轻工学院、河北大学工商学院管理学部、邯郸学院
广西	1	广西科技大学
甘肃	2	兰州大学、甘肃民族师范学院
山西	3	山西农业大学信息学院、太原理工大学、中北大学

续表

地区	数量	名称
河南	3	郑州大学、郑州西亚斯学院、新乡医学院三全学院
重庆	1	重庆移通学院
湖南	2	湖南科技学院、湖南信息学院
云南	3	滇西医用技术大学、昆明学院、云南大学
四川	3	西南交通大学、成都中医药大学、西南石油大学
辽宁	2	大连理工大学（盘锦）、大连海事大学
江西	2	南昌大学、华东交通大学
香港	1	香港中文大学
澳门	1	澳门大学
台湾	11	政治大学、清华大学（新竹）、中正大学、东海大学、亚洲大学、明志科技大学、华梵大学、中华大学、大叶大学、法鼓人文社会学院、高雄医学大学

以上实施书院制的本科院校十分注重学生的全面发展。其中一小部分是在原校中，通过选拔性入住、较小的规模、高品质的通识教育等途径侧重于少数精英学生的培养；更多的书院是面向全体学生，导师制、通识教育、生活教育齐头并进，如复旦大学、西安交通大学（钱学森书院除外）、汕头大学、南方科技大学等；还有的书院积极推进第二课堂建设，注重养成教育，如肇庆学院。

二、高职院校

我国高职院校从2013年陆续开始探索实行书院制。深圳职业技术学院自2013年开始陆续建成崇理、杏林、三尚、博达、日新等10所书院，共有24 000余名学生入住书院。书院制作为教育与生活融合的重要体现，是学校推进"文化育人、复合育人、协同育人"系统改革时期的重要载体。青岛职业技术学院从2014年开始探索实施书院制，陆续建成知行书院等7所书院。广东岭南职业技术学院从2014年在清远校区全面实行书院制建设，已建成5所书院，2019年在广州校区继续推行书院制建设。浙江工商职业技术学院自2016年开始，进行书院基础设施建设，将公寓楼内接待大厅和辅导员值班室、工作室及公寓管理员值班室等功能房整合，推动导师、辅导员、学生组织、规章制度、优质服务进书院。此外还有苏州工业园区职业技术学院、无锡科技职业学院等。我国实施书院制的部分高职院校概况如表1-1-2所示。

表 1-1-2 我国实施书院制的部分高职院校概况

地区	序号	高校	书院名称	开始时间	书院介绍
广东	1	深圳职业技术学院	崇理书院、杏林书院、三尚书院、博达书院、日新书院、鸿鹄书院、立达书院、芸莘书院、水木书院、官龙书院	2013	作为深入推进"文化育人、复合育人、协同育人"系统改革的重要载体。重点是落实"寓教育于生活"的文化育人理念，培养复合式创新型高素质高技能人才
广东	2	广东岭南职业技术学院	明德书院、崇礼书院、砺能书院、思诚书院	2014	将"博雅教育"和专业教育有机结合，于清远校区全面实行书院制管理，打破年级专业，构建共同成长的社区，促进学生成长成才
广东	3	广东工商职业学院	明德书院	2014	通过书院文化活动发挥书院育人作用，2018年更名为广东工商职业技术大学
山东	1	青岛职业技术学院	立信书院、儒商书院、艺馨书院、知行书院、侃如书院、立人书院、瀚海书院	2014	以"建有温度的书院，育有情怀的人才"为宗旨，以"住、育、管、服"为职能，以"构建'三全'即全员、全程、全方位育人体系与学生'四自'即自我教育、自我管理、自我服务、自我监督体系"为任务
山东	2	泰山职业技术学院	泰山书院	2013	依托学院资源，弘扬、继承、研究优秀传统文化和泰山文化，搭建文化研究、交流平台，促进学院泰山特色校园文化的建设，探索高等职业教育和书院教育结合新形式，充分发挥了传统文化和泰山文化在育人中的作用
山东	3	枣庄职业学院	君山书院、兰陵书院	2017	坚持"一切为了学生发展"的理念，以书院制强化立德树人、密切师生关系、提升发展能力、落实精细管理，推进"具有工匠精神的高素质技术技能人才"的培养
浙江	1	浙江工商职业技术学院	厚德书院	2016	推动导师、辅导员、学生组织、规章制度、优质服务等进书院，促进专业教育与通识教育的紧密结合，探索社区书院制的新模式
江苏	1	苏州工业园区职业技术学院	若水书院	2013	遵循"过一种幸福完整的教育生活"，实施"全人教育"理念，营造书院人文环境，以导师制、社团活动、学生自主管理为依托，实施"听、说、读、写、行、创"六大行动，促进师生心灵的丰盈，发展职业空间与生命空间

续表

地区	序号	高校	书院名称	开始时间	书院介绍
江苏	2	无锡科技职业学院	弘毅书院	2016	构建以吴文化为依托、以德文化为核心、以科技文化为引领、以书院文化为载体、以节日文化为表现形式，集校园文化、地域文化、企业文化、社区文化于一体的文化育人体系
	3	徐州工业职业技术学院	九里书院	2019	推进"以文化人"质量提升工程，按照全面发展的教育理念，打造学堂，开辟书吧、学习讨论室等功能房，培养"有德、有能、有技、有为"的高素质应用技术型人才
四川	1	雅安职业技术学院	不详	2017	以二级学院为基础，推进干部、学生自治、校园文化进入书院，建设"七彩"风雅书院家园，促进学生的个人成长、专业发展和社会需求融合发展。2018年中期评估，2019年项目验收
	2	四川城市职业学院（眉山校区）	东坡书院、致远书院	2015	与社区结对共建
湖北	1	武昌职业学院	三明书院	2017	开辟功能房，完善运行制度；构建生活服务及素质拓展等育人体系、聘任导师和导师助理

高职院校探索书院制建设之初是基于推进文化育人的需要，随着实践的深入，更加注重内涵发展，把书院制作为实现全员育人、全过程育人、全方位育人的重要举措。

第二节　我国现代书院制管理制度的发展趋势

现代书院制在中国作为一种新生的管理制度，需要经过长期的发展才能不断完善与成熟。目前，书院制在中国高校中实施时间不长，尚处于初级发展阶段。下面将从顶层设计、育人机制、育人体系、治理主体多元化和文化本土化等方面分析现代书院制未来发展趋势。

一、完善书院制顶层设计

我国大学现代书院制的实行，源于各高校自主进行的改革。为推进现代书院制改革的深化，政府和高校需共同努力，政府有必要制定相关政策措施，完善顶层设计；同时，高校也应在秉持以人为本的教育理念的基础上，合理选择书院模式。

为完善书院制顶层设计，要合理选择书院定位。现代书院制作为一种高效的学生管理与人才培养模式，在高校中具有广泛的应用价值，应在我国各大高校中积极推广。然而，各个高校的实际情况和具体需求各异，现代书院制的应用场景也各不相同，因此合理地确定书院的定位尤为重要。

高校应根据自身的特点和需求，选择适宜的书院制模式，书院的规模、管理方式、课程设置等方面都要与高校的整体发展战略相契合。只有这样，书院制才能真正发挥其应有的作用，使学生得到更好的管理与培养。值得注意的是，书院教育并不能取代专业教育，而是对专业教育形成有益的补充。书院主要负责学生的日常事务管理和身心健康培育，充当着育人核心的角色。相较于专业教育，书院教育更注重学生的全面发展，强调人格、情感、品德等方面的培养。此外，书院教育主要发生在课堂教学之外，通过非正式教育和各类活动，促进学生全面成长。这种教育方式有助于培养学生的兴趣爱好、拓宽其知识面，同时也有利于提高学生的综合素质和社会交往能力。

在专业教育与通识教育相辅相成的背景下，书院教育应助力学院的专业教育，以实现书院与学院的持续良性发展。为此，书院需要与学院保持紧密的合作关系，确保学生在进行专业学习的同时，能充分受益于书院的教育资源和服务。

书院制应坚定不移地以学生为核心。在当前我国社会经济转型的大背景下，培养具有创新精神和创新能力的高质量人才是教育的重中之重。高校书院制建设旨在适应这一时代需求，同时满足学生对自身个性化发展以及全面发展的要求。书院制的核心目标在于培养全面发展的学生，这意味着书院管理者要遵循学生身心发展规律，坚持以学生全面发展为工作的出发点和落脚点。在管理制度的制定过程中，应为学生创造一个宽松、自由、有利于个性发展的环境。

对于实现书院制育人目标而言，建立健全的规章制度是前提和基础。高校必须完善相关制度，只有这样，书院的办学活动才能有明确的规范和依据。在制定规章制度时，书院管理者应秉持人本管理思想，关注学生的主观能动性，确保书院制在实现全人培养目标方面发挥积极作用。

二、制定协同育人机制

书院与学院共同构建协同育人机制，旨在合力为学生提供全面发展的良好环境。在这一机制中，书院、学院以及学生工作系统构成了核心管理机构，它们各司其职，相互协作，为学生提供优质的教育服务。为了提高运作效率，明确分工和梳理各部门之间的关系至关重要。

在我国高校，书院制是从上至下实施的，并在学校的监管下运行。在这个过程中，如何构建协同育人机制成为书院制建设面临的关键挑战。为了应对这一挑战，我们需要从以下四个方面入手：

首先，书院内部需要建立健全的协同育人机制。这意味着要优化各部门之间的关系，使之明确各自的职责，并加强交流与合作。通过这种方式，书院可以更好地实现各部门之间的资源共享和互补，为学生提供更为全面的教育服务。

其次，书院外部也需要构建协同育人机制。这意味着要妥善处理书院与学院及其他学工系统的关系，实现各司其职、协同合作的良好局面。团委、学工处、教务处等各部门应各负其责，与书院保持合作关系，通过协同共享资源、师资和教学活动，搭建信息共享平台，实现共同发展。

再次，学校应赋予书院一定的自主权。在独立自主的基础上，书院可以通过完善管理体制、课程设置及奖惩制度等，实现自我发展。拥有自主权是打造书院特色的前提，为此，学校应放松对书院的管理，降低科层制干预程度，达到灵活管理的目的。例如，学工系统可以提建议，但不直接干预书院的内部事务。

最后，书院还应积极拓展资金来源，寻求社会帮助，为自主发展提供经济保障。这有助于书院在教育市场竞争中站稳脚跟，为学生提供更为优质的教育资源。

三、保障育人体系的实施

书院制是依托导师制构建的全方位人才培养体系，导师作为实施导师制的关键力量，其队伍质量对人才培养及书院发展具有直接影响。为确保书院育人体系的有效实施，需持续完善相关机制，具体要做到以下三点：

第一，制定科学的教师考核制度。为了确保指导的有效性，高校应当调整考核方式，构建合理的评价指标体系，并将书院工作纳入考核范围。这样，既能保证教学与科研的质量,也能充分体现书院在高校中的地位。

第二,明确导师岗位职责。作为导师,他们需要明确自身的职责,按照指导规范,定期与学生沟通交流,积极参与书院活动,解答学生疑问,掌握学生的动态。此外,为师生创造能促进师生间交流的良好的教育环境。

第三,要为导师发展提供平台。为了激发导师的积极性,增强他们对书院工作的认同感和归属感,需要为他们提供物质补贴、经费支持、学习机会和平台,并对新入职的导师给予相应的政策优惠等,通过这些举措来推动书院的持续发展,使书院制度发挥出最大的效益。

四、实现治理主体多元化

现代高校书院制的发展需构建多元主体共同治理模式,以应对管理体制的多元性和利益诉求的多元化。在这个模式中,学生是核心主体,书院的使命就是促进他们的全面发展。为实现这一目标,书院需要采取一系列措施,引导学生参与书院建设,强调他们的主体地位,增强学生对书院的认同感和归属感,并为他们提供一个展示才华的平台,促进他们实现自我管理。

首先,书院应鼓励学生积极参与到书院的管理工作中,提高书院工作效率。为了更好地实现这一目标,可以选拔优秀学生组成学生委员会,协助书院处理各项事务。同时,使学生委员会成为代表学生群体发表意见、行使权力的有效途径。

其次,书院应充分发挥学生社团在文化活动和娱乐活动中的作用,以学生兴趣为核心开展书院活动。这样既能激发学生的创新思维,又能促进他们全面发展。在此过程中,书院需将活动主导权交给学生,提供必要的指导和资金支持,调动学生的积极性,以提高学生管理能力和组织协调能力。

最后,书院还需关注学生的个性化需求,提供丰富多样的课程和实践活动,让学生在学术、文化、艺术、体育等方面得到全面发展。为了实现这一目标,书院可以整合校内外优质资源,搭建一个全面、开放、共享的平台,让学生在多元化的环境中锻炼自己,提升综合素质。

五、书院制文化本土化

香港中文大学前校长金耀基曾提出:"一流的大学,尤其是历史悠久的大学,无不有意无意地在培育一种文化生活。"[①]牛津大学的 36 所书院，形成了 36 种各具特色的书院文化，它们共同形成了牛津大学的独特性，促进了牛津大学的整体发展。书院特色文化，是书院生命力的体现，是我国高校书院制借鉴西方书院制实现本土化的关键所在。"求木之长，需固其根；欲流之远者，必浚其源。"放弃传统文化而论传承和创新，无异于无根之木、无源之水。中国大学在进行书院制建设时，需继承和弘扬中华优秀传统文化的精华，将价值关怀和知识教育相结合，立足于民族文化，建设具有中国特色的大学书院制度。但书院制文化建设也不是单纯地继承，而是要将中国优秀传统文化融入书院建设中，使之在新时代中得到继承与发展。

优秀传统文化在大学书院制中发挥着引领作用。不同于西方书院制，我国大学书院制秉承了古代书院的精神内核，以经典文化典籍为载体，强调人文通识教育课程，扎根于传统文化经典，塑造民族特色文化内涵。

打造独具特色的书院文化至关重要。书院文化是书院发展的基石，涵盖物质、精神和制度三个方面。物质文化通过建筑、设施等体现，优越的环境有益于学生学习和全面发展。精神文化表现在院名、院徽和特色文化活动上，有助于提升学生的审美鉴赏能力和文化自觉。制度文化以学生为核心，制定规章制度，体现书院教育的文化精神。

总之，书院制应充分继承和弘扬优秀传统文化，打造独具特色的书院文化，提升其吸引力，展现人文魅力。书院文化的发展将潜移默化地影响师生的学习和生活，为培养优秀人才贡献力量。

六、实体功能逐步升级

除部分非实体书院外，多数高校书院在近些年的建设发展中都十分注重通过学生社区功能的完善与拓展，实现与提升书院内生活保障服务、学业辅导与课外拓展、文化交流与社团活动等多种功能。

现代高校书院在设立之初多以一定的住宿空间为依托。国内高校书院经过多年的建设发展，以住宿空间为实体，围绕学生日常学习生活的主要需求，通过对学生住宿生活区域软硬件的升级与拓展，逐步打造使用更便捷、环境更友好、功

---

① 金耀基. 大学之理念 [M]. 北京：生活·读书·新知三联书店，2001.

能更强大的学生住宿社区。部分高校在新校舍、新校区的建筑设计环节就将书院的各功能实体预先规划在其中。例如，华南理工大学的广州国际校区，在建设之初就按照书院制下学生社区生活理念设计生活功能区域，设置了包括研讨室、学生活动室、健身房、艺术空间、图书室、排练厅等在内，总面积1万余平方米、人均使用面积大于4平方米的各类功能空间，实现了学生社区内餐厅、便利店、文印店、洗衣房、自动咖啡机、自动售货机等生活配套设施的全面覆盖。在许多高校书院内，自助洗衣房、谈心室、公共休息区等生活保障服务性功能空间已经成为基本配置。除了更新升级这些基本功能空间，许多高校书院还设置了更多的活动空间，如会议室、党员活动室、影音室、健身房、琴房、舞蹈室、小型音乐厅、咖啡馆等。

为学生学业辅导与发展提供支持是书院功能的重要方面。书院围绕学习支持、教学辅助、专业拓展而设置的空间大致分为两类：第一类以提升第一课堂学习效果为目的，如图书室（馆）、自习室、学业辅导室（中心）等与学生辅导体系的设置相互配合；第二类以拓宽学生眼界与提高其思维能力为目的，如学术讲座、论坛、讲堂等的固定活动空间，为相应的课外学术交流活动体系提供实体依托。

此外，书院的许多功能空间还服务于学生的文化交流与社团活动。一方面这些功能空间可以为学生提供文化交流与社团活动的场所，提升校内各类教育资源和功能设施的利用率；另一方面书院通过设立学生自治管理委员会等官方或学生组织管理学生文化交流和社团活动，加强学校学生工作、共青团工作力量的同时，兼顾了书院服务职能，并为学生自我管理提供了实践平台。

书院内的实体功能空间与学校内原有的近似功能空间在作用发挥中的区别主要在于如下三点：第一，书院的功能空间设置往往不会压缩校内已有的类似功能空间，而是对已有功能空间的扩大和延伸，增加了学生人均活动空间面积；第二，书院的功能空间往往与学生住宿区域物理距离邻近，因此相对学校的功能空间而言，学生可及性更好、使用率更高；第三，书院的功能空间面积适中，中小规模学生活动的使用体验甚至会优于体量较大的校级类似功能空间。书院实体功能空间的普遍升级，一方面，说明过去已有配套设施从一定程度上已不能完全满足学生在校期间对学习生活环境的期望和要求，同时也反映了高校在通过书院实体功能空间的升级积极回应和满足学生需求；另一方面，书院功能空间在满足学生作为育人主体的需求之外，还承载了环境育人职能，丰富了育人路径，在德育、劳育、美育等方面，作用尤为突出。高校建设已从仅仅满足专业学科教育需求向满足全人教育需求转变。由此可见，打造温馨便捷的学生生活社区的理念已成为全国高校书院建设的共识。

第三节　现代高校书院制的内涵与特征

一、现代高校书院制的内涵

（一）教育目标为培养全面发展的人

书院制作为一种教育模式，其核心目标在于培养全面发展的人才，着重推动学生社会化发展进程。此为书院制在教育目标方面的内涵所在。例如，汕头大学"旨在培养具有远大理想、社会担当、社群归属感和多元兴趣的学生，并以培养学生的终身学习能力、持续成长和全面发展为己任""实现全人教育的培养目标"。大连理工大学（盘锦）强调人的全面发展，追求"均衡教育、健康成长、全面发展"的培养目标。南方科技大学的书院"满足学生的个性化发展需要，最终促进学生的全面发展"。同济大学女子书院"开启女生提升自身素质的崭新渠道"。西安交通大学"秉承文化育人的理念，在书院制管理与学生综合素质培养等方面进行实践探索"。这些都体现出书院制服务于学生全面发展的目标。

同时，一些书院的培养内容涉及"塑造做人真实、做事踏实、基础扎实、体魄壮实的品质""培育心存善良品德的学生""社会责任、家国情怀和国际视野、人文底蕴、科学精神、审美情趣、身心健康、学会学习、实践创新"等，都属于社会性发展的内容。

大学生的发展包括专业性与社会性两个层面。专业性发展强调在特定学科专业领域的学习，旨在使学生掌握专业知识和技能，以培养具备高度专业素养的职业人才。社会性发展则侧重于综合文化知识领域的学习，旨在使学生掌握通用知识和技能，以培养具备全面素质的社会公民。通过这两个层面的发展，大学生将更好地适应社会需求，发挥自身价值，为个人成长和社会进步作出积极贡献。为此，我们需要通过系统的设计，对当前的教育体制进行必要的改革，从而更好地促进学生的全面发展及可持续发展。这不仅是书院制的核心目标，更是我们教育事业发展的必然要求。

（二）教育活动强调互动、参与和体验

在教育活动设计中，书院制依托生活社区，具有不同于课堂教学的生活教育内涵。这主要体现在以下三个方面：

1. 学习平台

书院制作为学校教育的补充和完善，已逐渐受到重视。各高校在书院制框架下，以促进学生社会性发展为目标，纷纷设置了富有特色的课程。例如，西安交通大学的"中国茶文化""时光中的历史"、厦门大学的"讲人文地理"，以及全校选修课"职业生涯规划"等课程，均为学生的理论学习提供了有益的补充。

华东师范大学在保持原有通识教育必修课程的基础上，积极增设数学统计类与文化传承类课程。数学统计类课程的学习，可以锻炼学生的逻辑思维和分析能力，进一步提升他们的综合素质。而文化传承类课程的设置，旨在培养学生对中华文化的热爱与传承意识，增强他们的文化自信。

复旦大学则推出了中国和西方文明文化史等通识课程，以满足学生在文明比较和文化交流方面的需求。此外，学校还组织各类讲座及成长助学活动，帮助学生更好地适应大学生活，促进其成长成才。

清华大学的人文与数理通识课程，旨在培养学生的人文素养和数理思维。通过这些课程的学习，学生可以更好地了解人类文明的发展，提升自己的审美能力，提高科学素养。

汕头大学的弘毅书院和思源书院分别致力于公益课程和全人教育、职业生涯等课程的探索，为学生提供了丰富的课程选择，涵盖了人文、艺术、思想政治等多个领域，使学生在学术氛围浓厚的环境中茁壮成长。

书院制教育模式不仅融入了特色课程和书院讲堂，还充分发挥了课外教育功能。书院被视为通识教育实验区，整合了文化素质教育与通识教育。教育可分为专业教育和通识教育。通识教育的目标是培养具有全面素质的负责任公民，与专业教育共同构成完整的学校教育体系。在这个体系中，学院制侧重于专业教育，

涵盖了专业基础与专业核心课程，书院制则侧重于通识教育。书院制与学院制相辅相成，相互促进，共同组成全面的学校教育体系。根据学院制课程内容以及书院制教育内容的词频统计，可以构建出学校教育内容的结构图，如图1-3-1所示。该图展示了书院制和学院制在教育内容上的互补关系，共同促进了学生的全面发展。

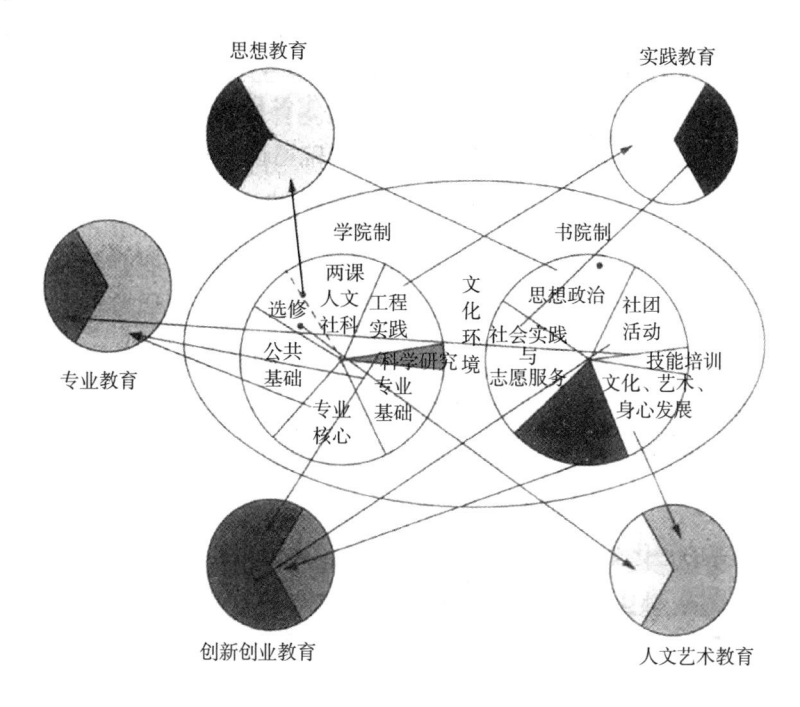

图 1-3-1　学校教育示意图

2. 互动平台

在教育教学中，交流互动具体包括师生之间的互动和朋辈之间的互动，是提升教育质量的核心要素，这一观念也是学术界的共识。在我国，书院制建设的使命就是构建互动的平台，以推动教育教学质量的提升。

首先，在师生互动方面，导师制起到了至关重要的作用。我国各高校普遍实施导师制，这极大地促进了师生之间的交流。以西安交通大学为例，其书院拥有一个多元化的导师团队，涵盖了学业、通识教育、职业规划等各领域。复旦大学书院导师类型包括专职、兼职和特邀导师等，其中专职导师与书院学生工作组协同工作，通过深度交流，为书院管理提供有益建议。深圳职业技术学院和青岛职业技术学院也分别聘请了各类导师，与学生展开深入交流和定期沟通，答疑解惑，激发学生的学习兴趣，培养学生的自信心，给学生带来积极影响，与学生共同成长。导师制在西方大学应用广泛，在我国则主要应用于研究生和本科毕业论文阶段。书院实行导师制，针对学生个体差异进行个性化教育，将教学与乐趣相结合，全面体现现代教育观念，致力于推动学生全面发展。

其次，通过举办各类书院活动，朋辈互动得以增强。学生社团在自我管理、服务、教育和成长方面发挥了积极作用。复旦大学拥有众多社团，这些社团丰富了学生的校园生活。厦门大学的开放式教学模式也有助于学生成长。西安交通大学的书院以学业为核心，推动跨学科交流，拓宽了学生的知识视野。汕头大学的书院设有导生专区和团队，为学生交流和团队活动创造了有利条件。肇庆学院的书院建筑助力了独特的书院文化的形成，学生混住促进了各专业各层次学生的互动交流。

综上所述，书院在师生互动和学生朋辈互动方面发挥了重要作用，为提升我国教育质量奠定了坚实基础。书院制将继续在我国教育领域发挥重要作用，培养更多优秀人才。

3. 实践平台

书院是学生开展实践活动的平台。书院文化活动种类繁多，涵盖了各类体育竞赛、演讲辩论以及影片欣赏等，旨在鼓励学生积极参与和体验。这些活动不仅丰富了学生的校园生活，也提升了他们的综合素质。在书院中，学生可以自由选择学术、艺术、人文、技能、服务等各个领域的社团，从而拓宽自己的知识面和兴趣爱好。

以汕头大学至诚书院为例，该书院举办导生素质拓展训练营和公益课程，以全面提升学生的综合素质。这些活动旨在培养学生的领导力、团队协作能力和创新能力，增强其心理素质，使他们能够在学术和专业领域之外，获得多元化的发展。书院课程与专业学院课程相辅相成，有助于将学生的学术成长与综合素质提升相结合，使他们在专业领域和综合素质方面得到全面的提升。书院教育不仅关注学生的学术成绩，还注重他们的兴趣培养和个性发展。

肇庆学院力行书院注重学生兴趣培养和校园生活丰富性，举办专题读书沙龙、讲座，以及素质拓展活动。这些活动旨在激发学生的学习热情，培养他们的兴趣爱好，使他们在忙碌的学习之余，能够享受到丰富的校园生活。

同济大学女子书院则针对女性学生需求，实施素质提升项目。这些项目旨在帮助女性学生提升自身素质，增强自信心，发挥自身潜能。通过这些项目的实施，女子书院为女性学生提供了一个更加符合她们需求的教育环境。

还有的书院通过"非遗进校园""匠师精神传承"等活动和课程，培养学生的工匠精神。这种做法有助于传承我国优秀的传统文化，同时也为学生提供了一种全新的学习方式。在实践过程中，学生可以深入了解非遗文化，培养自己的审美情趣和激发自己的创造力。

此外，书院活动亦关注学生专业发展和社会实践，与课堂理论教学相辅相成。通过实践活动，学生可以将所学知识运用到实际中，提高自身的实践能力和综合素质。这种教育模式有助于培养学生的创新精神和实践能力，使他们能够在毕业后更好地适应社会。

综合来看，书院教育活动强调自育、互育和师育相结合，以促进学生全面发展。这种教育模式既注重学生的学术成绩，又关注他们的兴趣爱好、个性发展和实践能力。通过举办各类活动，书院为学生提供了一个全面发展的平台，使他们能够在学术、综合素质和实践能力等方面得到全面提升。在我国高等教育领域，书院教育正逐渐展现出其独特的优势，为学生的成长提供有力支持。

（三）为建设学生社区进行组织与管理

书院制是我国现代大学内部一种新兴的教育机构与组织形式，也是一种重要的组织制度，它包含一套完整的规则和制度，以确保自身存在和正常运行。书院制的目标是建设学生社区，促进学生全面发展。通过组织和管理，书院可以更好地整合资源，为学生提供更加丰富的学习和发展机会。它以学生为中心，注重学生的个性发展，通过多样化的教育手段和活动，激发学生的潜力和创造力，培养学生的综合素质和社会责任感，为我国高等教育的发展注入了新的活力。

以西安交通大学为例，其书院设有理事会、院务委员会、家长委员会等机构，形成了多元化的治理体系。复旦大学复旦书院的下设组织包括教学办公室、学工办公室和导师办公室等，分别负责教学管理、学生工作和导师事务等，这些机构共同构成了学院健全的组织架构，确保学院各项工作的顺利进行。汕头大学至诚书院在组织架构上设有党委会、院务室、导生（学生干部）委员会、导师委员会等，同时设有户外拓展办公室、学生素质拓展中心，以促进学生综合素质的提高。肇庆学院则由学校书院管理委员会统筹书院制建设，下面设立了书院管理办公室，负责管理书院，并配备了专业的书院辅导员和学生干部团队，确保书院制的有效运行。学院辅导员专注于本学院学生的思想政治教育，包括奖助学金、贷款、勤工助学等日常管理事务；书院辅导员则主要负责本书院学生的通识课程教育和书院文化活动的组织工作。需要强调的是，学院辅导员与书院辅导员的工作范畴是各自独立的，不存在交集。在书院制中，书院学生干部（导生）由品学兼优的学生担任，主要职责是组织开展各类文化活动，以促进书院内学生的交流与合作。鉴于各书院条件不一，其功能空间各有特色，如学术交流区、休闲娱乐区等，均由书院学生干部即导生进行管理。在书院管理方面，实施去行政化管理模式，与二级学院的管理相互独立，形成并行机制，旨在营造一个宽松、自由、和谐的育人环境。

我国现代书院制是对大学原有组织架构的改革和发展。在大学组织架构中，应对各类组织之间的关联性予以充分关注。书院可分为多种类型，包括独立实体类型和依托类型等。充分发挥书院的教育功能，关键在于妥善协调书院与学院的关系，让书院和学院良好互动，并形成教育合力。值得注意的是，国内外各高校在协调书院与学院关系方面，其理念和实践方式各有特色。在实行书院制的过程中，我们必须关注如何平衡书院和学院之间的关系。从宏观角度看，书院和学院所面对的师生群体是一样的，但二者工作重心不同。因此，我们需要认真思考并采取有效措施，确保书院和学院能够形成优势互补，共同推动大学教育的发展。在香港中文大学（深圳），新生一入学，即按照学校的分配，成为某个学院和某个书院的一员。学院和书院对学生来说扮演着不同角色，各司其职，可以形象地理解为：学院如同父亲，负责学生的专业教育，即智育；而书院如同母亲，更关注学生的生活和全面发展，承担着德育、体育、美育、劳动教育的任务。此外，国际交流、学生的社会实践等，也在书院的职责范围内。学校实行跨专业、跨年级住宿制度，每个书院都有独特的文化氛围，教师和学生亲如一家。书院作为一个小型社会，为学生提供了良好的成长环境。学院与书院的协同共育，旨在培养德智体美劳全面发展的优秀人才。肇庆学院在处理书院与学院的关系时，明确将其定位为学科专业学院制、生活社区书院制。这种定位旨在确保书院与学院相互补充、相互促进，形成一种类似于人的双腿般的关系，共同支撑着学校的整体发展。书院和学院的双轨制教育模式，保障了每个学生在学术和生活上的均衡发展，塑造学生个体可持续发展的品质与能力，进而推动学生的全面发展。

总体而言，书院制的主要内涵可归纳为以下两点：首先，其教育目标在于培养全面发展的优秀人才，尤其注重推动学生社会性发展；其次，书院制注重教学过程中的互动、协作与实践体验，这使得它有别于传统的课堂教学模式，形成了独具特色的生活教育模式，这种模式注重自育、互育和师育的有机结合。此外，书院制也是一种构建学生社区的教育体制。书院的核心宗旨在于促进学生的全面发展，提高学生的综合素质，这正是"三全育人"（全员、全过程、全方位）教育理念的体现。在书院制中，书院的生活设施、组织架构及文化环境是基础，导师制与学生自主管理则是师生积极参与书院事务的重要途径，这不仅体现了精细化教育的理念，更是培养学生能力的有效手段。特色课程和书院文化活动作为书院制的重要组成部分，两者相辅相成，既有理论支撑，又有实践体验。现代大学书院制在人才培养上采取了一系列具有书院特色的措施，如特色课程、导师制、学生自主管理等，这些措施并非孤立存在，而是相互关联、有机统一的。通过这些措施的协同作用，书院制在培养人才方面发挥了重要作用，如图 1-3-2 所示。

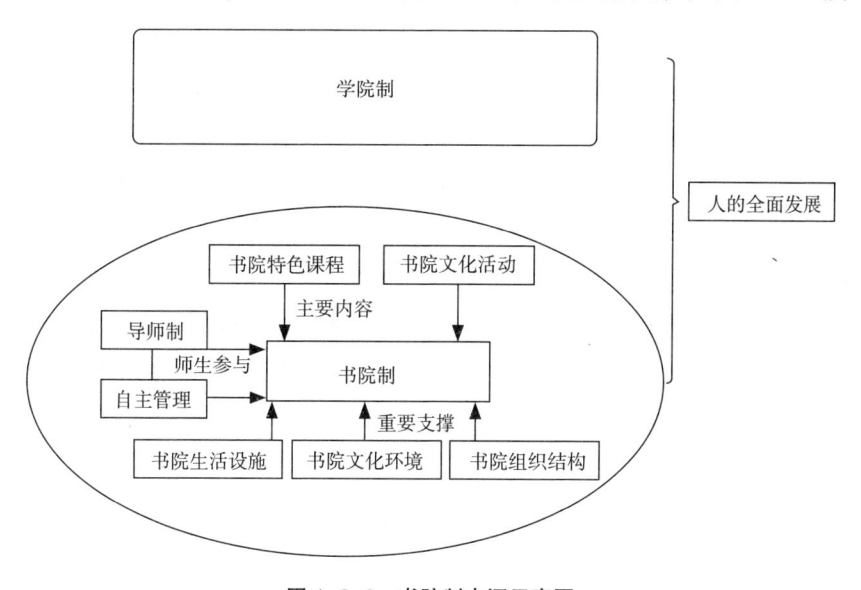

图 1-3-2 书院制内涵示意图

二、现代高校书院制的特征

（一）师生教学相长

导师制伴随住宿学院制产生，是书院采取的主要教育制度。1379 年，牛津大学的新书院首次实行付费导师制。英式书院的导师常分为生活导师和学术导师，分别为学生提供生活帮助和学业指导。在我国本土书院，导师制作为育人手段，对导师的学术造诣和道德品格有较高的要求。书院导师制将学术教学和道德教诲相结合，构筑理想的书院教育，导师在书院中与学生一同生活，在师生交往过程中让学生领悟知识、提升个人修养。与英式书院不同的是，中国现代书院中导师具有双重身份，既是专业学院的教授，又是书院的导师，是实现书院和学院协同育人的关键。书院导师队伍具有多元化的特征，学生通常有多位导师指导，包含学术导师、生活导师和成长导师，部分学院还配备了职业生涯导师、就业导师等来指导学生的个人发展。导师和学生进行双向选择，学生选择学术导师时可以打破学科界限，自由选择其他专业的教师，这使学生有机会学习其他学科的知识，也为其提供了与不同学科教师交流的机会。导师在面对面解答学生疑问时，可以与学生共同探讨、相互启发，从而实现教学相长。学生可以从导师那里得到个性化、差异化的学业指导，导师在指导学生的过程中也会对专业知识有更深层次的理解。

书院教育使以教师为主体的知识传授转变为师生双主体的交流互动，使师生互动从以教师为权威转向平等互重。亦师亦友的师生关系促进了教育目标的实现。

（二）学生朋辈交流频繁

大学以学生为主体，使学生能够在知识探索和人际交往中实现自我教育。书院为学生提供了一个信息交流和思维碰撞的广阔平台，促使具有不同知识背景的学生进行朋辈交流、共同成长。作为朋辈，学生在学习方法、生活方式以及心理发展等诸多方面具有相似性，因此他们之间的互动在很大程度上影响着学生个体的发展。书院的学生居住在同一空间内，在信息共享、交流讨论时能够对彼此产生积极的影响。学院往往综合考虑学生个人的兴趣爱好、学习和生活习惯等因素，根据学生提出的申请，统筹安排书院和住处，这样可以最大程度上为学生提供多样的社群生活。基于学科交叉、专业互补的混合住宿安排，有利于学生在日常生活中增加对其他学科的了解，拓宽知识眼界，培养广泛兴趣，不仅有利于培养跨学科人才，还体现了兼容并包的精神。在硬件设施方面，书院建立了一系列活动室，如自习室、文化交流室等，以方便学生在公共活动空间内交流讨论、学习研究。集生活、学习和娱乐功能于一体的现代书院，为学生创造了良好的学习氛围和文化环境，以丰富多样的集体活动提升了学生的社会交往和协作互助能力。书院在发展过程中也形成了以朋辈导学为核心的学习模式。朋辈导学是指选择成绩优异和品德良好的高年级学生，对书院新生进行指导，以非正式学习的形式共享书院学习资源，促进朋辈共同研学，传承优良学风，加强学生之间的交流互助。朋辈交流是实现学院教育功能的重要方式之一。

书院给每个成员提供了互动交流的机会。书院内部的朋辈交流聚焦于学习，书院教育有意识地将同伴影响和学校教育联系起来，促进学生进行跨专业、跨年级、跨学科的互动。

（三）教学科研互补

古代书院学者、名师集聚，是众多学派的发源地和活动场所，具有浓厚的学术氛围。讲学时师生自由交流，甚至展开争论，同时学者、名师为学生解答疑问，这种讲学与研讨相结合的方式，开阔了学生的学术视野，为学生提供了广阔的成长空间。书院教学是以学生自学为主，注重培养学生的探索精神和独立研究能力。学生在研讨式教学中，从教师讲授的知识里发现研究兴趣，在自修与研究的过程中实现学术传承。书院学者在繁荣学术的同时，也承担育人的责任，实现了教学与研究相结合。

书院在制度设计和人员构成上具有天然的跨学科研究优势和人才优势。现代书院常设有学术导师，学术导师根据学生个人发展情况布置相应的学术任务，同时帮助学生解决学术疑难问题。学生在书院导师的指导下完成各项研究任务，导师则引导学生培养学术规范，帮助学生选择合理的研究方法，指引学生深入探索相应的学科领域并了解学术前沿。此外，书院经常举办各类学术活动，邀请导师以及著名学者开设学术讲座和跨学科讲坛，分享研究成果，开展学术研讨，帮助学生拓宽学术视野、增强学术兴趣，进而实现学术育人。学院还设有学术训练营，由专业导师指导学生进行学术科研训练和写作。书院导师在参加学术活动时不断更新自身知识，了解新观点，将新研究成果融入教学之中，实现以研促教、科教协同。在教学方法上，书院注重理论与实践相结合，在教学过程中对学生进行实践训练，使之将学习成果和研究成果运用于实践，以提高学生的科研和实践能力。此外，现代书院在组织结构上试图采用协同育人的方式实现书院和学院的融合。书院承担育人功能，学院承担学术科研任务，以专业教育为主。书院教育虽然属于非正式教育，但对学生进行跨学科交流与发展学术能力而言具有重要意义。书院因材施教的教育方法进一步推动了教学与科研的结合。导师进书院组织教学研讨、学术交流、科研讲座等形式多样的学术活动，这既是书院的主要教学方式，也是促进师生科研能力提升的重要方式。

第四节　现代高校书院制的发展层次

一、物质层

物质层在书院制发展中具有举足轻重的地位，它既是书院制的基础，也是其载体和依托。尽管在书院制的发展层次中，物质层位于底层，但其价值和意义不可小觑。物质层为特色课程教育、互动交流、文化活动等提供了必要的场所和设备，为书院系统营造了一个优质的环境。在这种环境中，学生们可以更好地投入到学习中，享受到交流的乐趣，感受到文化的魅力。

众所周知，物质决定意识，物质层对于书院制的发展具有保障和导向等作用。换言之，物质层的建设水平直接关乎书院制的运行和发展。因此，物质层的建设是书院制发展的关键。

物质层的主要内容包括：提供生活设施，优化学生的生活环境；创设互动交流的场所，推动学生的交流与合作；创设生活园区的管理服务空间，保障学生的生活需求；为书院的运行提供物理设备；传播宣传媒体，扩大书院的影响力。

通过建设书院的物质层，我们可以让学生在书院中获得更直接、更鲜活的体验。从实践角度来看，物质层改造已经成为书院制改革的重要内容。在我国，很多学校都在积极推进书院制改革，提升书院的吸引力，使其成为学生心目中的理想学习场所。

总之，物质层是书院制发展的重要组成部分，为书院的各项活动提供了坚实的保障。只有建设好物质层，书院制才能更好地发挥其教育功能，推动我国教育事业的持续发展。

二、组织层

组织层作为书院制发展的关键层次，拥有计划、协调、控制等作用，对书院制的实施具有重大意义。组织的内涵可以分为广义和狭义两种。从广义角度看，组织是由多个要素以特定方式相互联结构成的体系；而从狭义角度出发，组织特指为实现特定目标而协作组成的集体。在书院环境中，教师、学生以及后勤工作人员等根据各自的任务与目标组成了一个多元素的整体，这充分表明书院本身就是一个教育组织，是一个拥有明确目标且内部各要素有序联系的系统。为了在学院制基础上推动组织变革，书院组织需以推进书院制人才培养目标的实现为主线，进行涵盖组织结构、功能等内容的全面系统的设计。以书院中的学生自主管理委员会为例，该委员会统筹管理书院的学生事务和文化活动，使书院成为一个自我管理、服务和教育的小型"社区"。西安交通大学书院为了提高学生在书院管理中的参与度、促进学生自我管理，设立了学生议事会。学生议事会的主要职责是参与奖、助学金的评审工作，以及对学生社团活动进行监督。为了保证工作的顺利进行，学生常务议事会定期开展各类调研工作，包括但不限于对书院建设、管理方案的意见征求。通过这种形式，书院管理层能够及时了解学生的意见和建议，从而有针对性地改进工作，为学生创造更好的学习和生活环境。通过这一平台，学生不仅能够参与到书院的管理工作中，发挥自己的智慧和才能，还能够锻炼自己的组织协调能力，为未来的发展打下坚实基础。

三、制度层

制度层作为书院制发展的核心层次，其重要性不言而喻。制度，通常是指组织内部成员需要共同遵守的规章制度，以及一定的工作程序。在书院制建设过程中，完善的制度发挥着提升书院内部与外部协作效率、确保书院高效运作的关键作用。

首先，我们需要认识到，制度是书院制发展的基石。完善的制度能为导师制、特色课程教育，以及师生交流提供有力保障，进而推动书院的可持续发展。例如，青岛职业技术学院制定了《综合素质测评办法》，这一举措有效提升了学生的参与度，促进了学生全面发展。

其次，良好的制度设计可以激发教师的积极性。深圳职业技术学院通过制定《书院建设方案》和《公共服务管理办法》，成功激励了教师积极参与到书院制建设中，为书院的发展注入了活力。

最后，完善的制度体系可以为书院制的顺利实施提供有力保障。广东岭南职业技术学院在书院制建设中，制定了《书院制暂行办法》和《兼职导师制暂行条例》等相关制度，为书院制的顺利实施提供了有力保障。

总的来说，制度层在书院制发展中起着至关重要的作用。从提升学生参与度、激发教师积极性，到保障书院制的顺利实施，完善的制度体系无疑是书院制发展的重要保障。书院制的发展离不开制度的建设和完善，这也是我国书院制教育改革的重要方向。在未来的发展中，我们需要继续探索和优化书院制相关制度，以推动书院制的健康发展。

四、文化层

文化层作为书院制发展的最高层次，体现了"以文化人"的核心理念。与物质的有形存在相比，文化具有"在而无形"的独特性。文化层不仅是书院在物质层、组织层、制度层发展之上的更高层次，也是书院制建设成果的全面展现。它为培养人才提供了坚实的底蕴，使得书院成为真正意义上的精神家园。文化层并非孤立存在，而是与其他三个层次紧密相连，其他层次的发展能直接促进文化层的繁荣，形成一个良性循环。文化作为书院的灵魂，是把师生精神紧密联系在一起的无形纽带，也是书院宝贵的精神财富。书院文化层的发展需要全体师生的共同参与和努力。我国大学都在努力塑造书院文化。例如，西安交通大学文治书院以老校长唐文治的名字命名，自创立之初便明确了书院的标识、院训和使命等。其标识由"文治"二字巧妙融合钟鼎造型，彰显了书院深厚的文化底蕴。同样，复旦大学的复旦书院在建设过程中形成了包括院名、院徽、院训、院服、活动场地及独特颜色在内的一整套文化标识。这些标识既体现了书院的历史传统，也彰显了其独特的文化特色。汕头大学至诚书院则提炼出书院的"DNA"——诚、敬、谦、和，并通过各类活动将其落实和深化，弘毅书院则开设了瑜伽学堂、书法学堂和舞艺学堂，营造出独特的书院文化氛围。

在书院制发展层次中，前两部分为基础层，后两部分为内涵层。基于书院的发展历程和影响，书院制发展层次自下而上构成了一个"漏斗形"（图1-4-1）。从物质层向文化层的发展需要经历一个过程，甚至需要长时间的坚持与积累才能实现。这四个层次并非机械地截然分开，而是在很多时候同时进行，协同发展，相互关联，相互促进。正如创办一所大学，"十年树木，百年树人"，只有长期积累才能形成大学文化和大学精神。书院制的发展也需要长时间的沉淀和全体师生的共同努力。在每个发展阶段，我们都应注重文化的传承与创新，使之成为书院制发展的不竭动力。只有这样，书院才能在传承中华优秀传统文化的同时，为我国培养更多具有文化自信和文化自觉的人才。

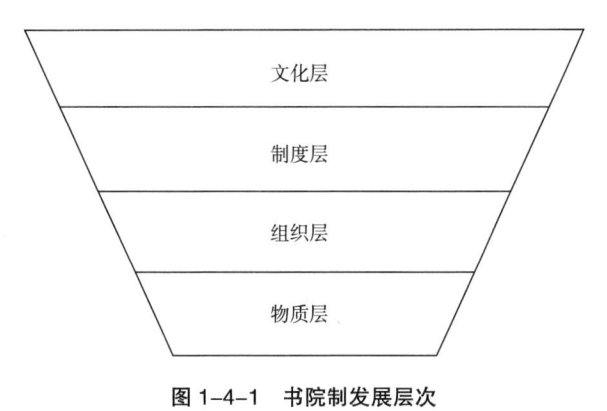

图1-4-1 书院制发展层次

第二章　现代高校书院制的理论基础

本章为现代高校书院制的理论基础,主要围绕中国古代书院制的发展与启示、西方国家住宿学院制的借鉴、书院制在高校中的价值、高校实施书院制的必要性与可行性四个方面展开论述。

第一节　中国古代书院制的发展与启示

一、中国古代书院制的发展

中国古代书院之名始于唐代,始建时并非真正意义上的教育机构,而是官方藏书或私人治学之地。唐代"安史之乱"以后,国家由盛入衰,民生凋敝,文教事业受到严重冲击,官学的衰弱、士人的失学以及佛教禅宗入山林修道讲学之风推动了好学之士在山间名胜建屋藏书,读书求学,聚徒讲学。

唐代属于书院发展的初期,这一时期的书院包括两种,一种是官方举办的官府书院,另一种是民间私人书院。官府书院是朝廷整理典籍的具有衙门性质的学术文化机构,负责藏书、校刊图书、订正讹误等事务,发挥"聚藏群书""校理典籍"的作用;民间私人书院是民间的私人读书治学之所,是集人才培养、学术研究、藏书与刻书、祭祀等多种功能于一体的文化教育组织。随着民间私人书院成为众多文人志士读书讲学、修炼心性的聚集之地,书院的影响也渐渐扩大,在唐诗和地方志中关于书院的记载也越来越多。据文献资料记载,唐代的书院大部分是士大夫们读书治学的地方或是祭祀的祠堂,与一般的私人书斋的性质比较相近,虽然是私人读书治学之所,但它同时向社会开放,广泛接纳各种文人学士就学、讲学、游宴讨论和研究著述等,成为公众文化活动场所。唐代书院的日常活动包括藏书读书、教学讨论、学术研究、游宴祭祀等内容,开创了后世书院各项活动的源头。唐代书院虽然以儒学文化为基调,但具有较强的开放性和包容性,各种思想文化背景的人士齐集在一起,形成了各种思想相互沟通和影响的文化背景。作为士人读书治学、修养心性的场所,书院一般修建在风景秀丽的地方,与自然环境很好地交融,追求自然环境的优美宁静。如岳麓书院位于美丽的湘江西畔、峻秀的岳麓山下,山光水色掩映、清溪茂林相衬,柳塘烟晓、风荷晚香,著名景点爱晚亭就置身书院之中,让人感觉心旷神怡。厚重的人文积淀与优美的自然环境交织在一起,赋予了书院深厚的内涵和独特的灵性。唐代书院的这些特质,在书院的发展史上产生了重要影响并得到了继承和弘扬。

两宋时期是书院发展的高峰时期,书院制从初立逐渐走向完善。北宋初期,社会历经长期战乱而初得平定,政府为了巩固仍然受到威胁的政权,连年用兵耗费了大量的财力物力,使得统治者无心顾及文教,政府无力复兴旧时官学系统,出现了中央官学不振、地方文化教育趋于废弃的局面。然而长期受制于战乱的教育需求开始勃发,这赋予了书院代替或补充官学的角色。这种情景下政府采取了因势利导的文教政策,支持书院的建设和办学,书院获得了蓬勃的发展。在发展的过程中,书院初步确立了较为简单的制度和规程,积极开展各种教学活动,不断强化自身的教学功能,并以学校的名义闻名天下。当时涌现出了一批声闻于世、影响深远的书院,最为著名的为"天下四大书院"——白鹿洞书院(今江西庐山)、岳麓书院(今湖南长沙)、嵩阳书院(今河南登封)、睢阳书院(今河南商丘)。北宋后期,社会经济呈现出繁荣局面,政府具备了恢复和发展官学系统的实力,开展了三次兴办官学的运动,地方各级官学的建立和权威地位的确立,也意味着书院代替官学作用的完成。在新的形势下,书院逐渐失去政府的支持。然而书院的发展并未因此消沉,北宋中后期社会思想文化进入成熟的阶段,书院在与各种文化思想的交互中获得了新的发展。时至南宋,书院进入了发展史上最重要的一个时期,在学术大师的指导下,书院作为一种文化教育制度得以完全确立。南宋时期理学逐步形成,书院在发展的过程中,逐步与理学思潮紧密结合起来,形成了相互促进、深度融合的关系。书院是理学传播与研究的基地,理学是书院的精神文化追求。南宋的很多理学家,如朱熹、张栻、吕祖谦、陆九渊等都与书院有着很深的情结,各学派立足于书院,相互交流切磋,共同阐释和倡导理学精神。规制的日趋完善,教学研究、藏书刻书、祭祀以及经营田产等事业的确立,使书院逐渐成为功能完备的文化组织。很多书院的组织管理日臻完善，开始制定并执行学规，最为著名的如朱熹的《白鹿洞书院揭示》。学规是书院学人的行为准则，宣示了书院追求的目标和学术文化主张，标志着书院制度走向成熟并最终确立，在书院发展史上具有深远的意义。

元代时期，书院在政府的大力支持下得到进一步推广，该时期的"书院总数达到408所，平均每年为4.142所，高于南宋时期的每年2.888所"[①]。在多方的倡导和支持下，书院建设呈现繁荣景象，故有"书院之设，莫盛于元"的历史说法。在元朝统一全国之后，政府曾多次颁布政令以保护书院发展，将书院教育与官方教育相联系，书院建设逐渐向北方推进，使书院和理学同步推广到北方地区。随着政府对书院的支持和管理的深化，书院官学化的现象也突显出来，政府委派书院山长，拨置学田，置官掌管书院的经营和财务，对书院学生肄业有着严格要求，甚至直接创办书院。书院的官学化使书院数量得到了扩增，保障了书院的正常发展，维护了书院师生的权益。但是书院官学化也带来诸多弊端，削弱了书院自由讲学的私学特质，影响到其学术氛围和精神追求。所幸的是，在"去官学化"的呼声下，书院的私学传统和精神追求依然得以延续。

明代前期，由于以官学结合科举制度推行程朱理学，书院的私学传统被束缚，陷入将近百年的落寞沉寂。直至成化、弘治年间（1465—1505），书院开始摆脱困境，得以恢复和发展。正如南宋时期书院与理学的结合促成书院的蓬勃发展一样，明代书院的辉煌也是在书院与心学的结合过程中实现的。推动书院兴盛的重要人物当属王阳明和湛若水，阳明心学促进了书院讲会的兴盛及其制度化，使书院的讲学形式更加多样化，并且推动了就学对象的大众化和讲学内容的通俗化。王阳明、湛若水及其弟子广建书院，恢复了书院自由讲学的精神，各种学术思潮相互交流，学术活动盛行，造就了书院学术再度辉煌的局面。明代中后期，尽管书院受到抑制和禁毁，但并未急剧停滞和倒退，反而取得了较大发展，书院制度还移植到了朝鲜，为传播中华文明作出了贡献。

从元代开始的书院官学化倾向，到清代达到极致。清代书院经历了普及到流变的发展过程。清代初期，统治者对书院采取抑制政策。然而，书院有着深厚的社会基础和文化根基，抑制书院的难度较大。至康熙年间，朝廷通过赐书、赐额

---

① 王凤雷.元代书院考遗[J].内蒙古社会科学（文史哲版），1994（4）：72-78.

等方式支持书院建设。雍正年间，政府对书院政策开始从消极的抑制转而为积极的支持，自倡办省城书院以后，府州县等地方各级政府纷纷倡办书院，书院普及到全国各地，建设规模达到了历史高峰，并远播日本、意大利、美国、新加坡等地。政府对书院的强力管控，使书院的官学化倾向越来越明显，逐渐流为科举考试的附庸。但是仍有少数书院保持注重学术研究、倡导自由讲学的传统，自觉抵制官学化的趋势。如以理学为学术宗旨的关中书院，注重传习经史辞章之学、推崇汉学思想的紫阳书院等，在保持书院传统精神的过程中影响深远。道光以后，随着西方文化的传入，书院为了积极应对新形势的要求，引入西学、新学，对教学内容和形式进行改造，成立新式书院。甲午战争之后，变革维新的呼声日益高涨，整顿书院成为文教改革的主要内容，为革除科举制的弊端，书院采取了增设新型实学课程、变通书院章程等措施。光绪二十七年（1901），湖广总督张之洞、两江总督刘坤一，联名向朝廷上奏《变通政治人才为先遵旨筹议折》，取法日本学校章程，改革学校教学内容，主张学堂与科举合一，改书院为学堂。清政府采纳张、刘两人的建议，于同年九月颁布书院改制诏令。其后，壬寅学制（1902）、癸卯学制（1903）相继颁布，到清末，各省书院基本改制成大、中、小各级学堂。至此，有着1200余年历史的书院正式退出了历史舞台。书院改制为学堂，实际是以"中学为体，西学为用"的原则，在传统教育向现代教育演进的过程中，探索中西学发展的一种举措。书院作为古代社会的产物，自然有其时代的局限性，在传统社会转型时势必应势变革。

从形成机制看，中国古代书院的出现绝非偶然，它与儒家思想成为官方思想这一现象紧密相连，同时又是儒、佛、道三教鼎立、争斗和兼容的产物。孔子首创儒学，后经汉代"独尊儒术"后，儒家思想成为封建社会的正统思想。隋唐以后，儒、佛、道三教鼎立局面形成。为与佛、道抗争，宋代理学家理智地吸收佛、道的某些思想创新儒学。到了南宋，由于少数民族的内侵、社会的动荡，有识之士纷纷创办书院，潜心研究学问，力图再造先秦儒学的自由讲学之风，寻求复兴之路。正因为如此，书院才在宋代勃兴，从而进入私学的制度化阶段。因此，中国古代的书院可谓介于私学与官学之间的一种特殊的教学组织形式，官方的认可扶助，注重藏书读书、自由讲学、研讨学术之特质，使之兼具了"非官非私""既官既私"的特征。古代书院虽然废止了，但是其教育理念、教研模式、办学形式、教学方式、组织管理、师生关系等对当今高等教育改革具有借鉴和启迪意义。

二、中国古代书院文化对现代高等教育的启示

（一）践行"以生为本"的教学模式

事实证明，我国古代书院的教学模式，如自主研读、讲演辩论、因材施教等"以生为本"的教学模式，对于推动我国现代大学教学与课程改革具有重要的参考价值。这种教学模式强调学生的主体地位，注重激发学生的创新精神，有助于培养出具有独立思考能力和创新精神的人才。

践行"以生为本"的教学模式，可以采取教师授课、学生提问、师生互动等形式，也可以尝试合作学习、小组讨论、翻转课堂等新教学方法。其中，翻转课堂是一种以学生为中心的创新性教学模式，它改变了传统教学中教师主导课堂的局面，将学习的主动权还给学生，强调了学生的主体地位。在这个模式下，教师的角色发生了很大的变化，从知识的传授者转变为学习的引导者和协助者，学生则成为学习的主人，自主掌控学习的内容、节奏和风格。翻转课堂的核心理念是让学生在课堂上更多地参与质疑、辩论和研讨，将课堂学习延伸到课外的自主项目研究等。这有利于激发学生的学习兴趣，增强他们的学习主动性。在翻转课堂中，学生不再是被动地接受知识，而是主动地探索和发现问题，从而养成研究能力和创新精神。此外，翻转课堂还有利于挖掘每一位学生的创造潜能。在这种教学模式下，教师会针对学生的个体差异施教，引导他们找到适合自己的学习方法和路径。这样的个性化教育不仅提高了学生的学习效果，还有助于培养学生的自主学习能力，为他们的未来发展奠定坚实的基础。在翻转课堂的实践中，教师要善于引导学生参与研究性学习，鼓励他们勇于提问、敢于挑战。教师自身也要不断调整教学策略，以适应学生的发展需求，为他们提供有效的学习支持。

基于思想自由的自主学习是培养高素质创新型人才的关键，也是我国高等教育改革的重要方向。我们可以预见，这种以生为本的教学模式，将会给我国高等教育带来颠覆性的变革。因此，我们需要进一步探索并实践"以生为本"的教学模式，推动我国高等教育质量的不断提高，为我国的社会经济发展输送更多高素质的人才。

（二）形成多元、开放的办学格局

我国古代书院尊重学术自由，实行"门户开放"政策，鼓励不同学派的大师自由讲学、交流，从而推动了学术与文化的繁荣。这为现代大学的开放办学提供了有益的借鉴。

首先，大学应借鉴古代书院的开放办学精神，加强制度化建设。这意味着要在办学理念、管理体制、教学模式等方面进行改革与创新，为师生营造一个宽松、自由、平等的学术环境。在此基础上，大学应致力于打造多元、兼容、开放的办学格局，以适应社会发展的需求和人才培养的多样化发展趋势。

其次，大学应为学生提供广阔的交流平台，促进不同专业背景的学生互动。这可以通过举办各类学术讲座、研讨会、实践活动等途径来实现。在这些活动中，学生可以充分挖掘自己的潜能，拓宽知识视野，提高综合素质。

在学术研究方面，大学应倡导师生自由选择研究课题，建立平等的学术交流制度。这有助于激发师生的创新潜能，提升学术研究的水平与质量。同时，大学间应构建包括课程资源公开、学分互认等在内的渠道，实现不同高校间教师与学生的流动，为优质教育资源的共享创造条件。

此外，高校不应孤立于社会，而要与之紧密结合，为学生提供实践机会。这可以通过产学研结合、校地合作等方式来实现。随着国际交流的增多，我国大学还应建立校际战略伙伴关系，采取合作办学模式，利用信息化手段构建更为国际化的开放式办学体系。

总之，我国大学应借鉴古代书院开放办学精神，在广度、深度及制度化建设方面进行改进，打造多元、兼容、开放的办学格局。这种创新是对古代书院文化的传承与发展，对于提高我国高等教育的质量和培养具有国际竞争力的人才具有重要意义。

（三）营造民主管理环境氛围

现代大学在规模和职能上不断拓展，以管理效率的提升为重要目标。我国古代书院的管理模式简明高效，且秉持全面发展的人才培养理念，这使得我们开始思考，如何借鉴古代书院的优秀特质，构建一种师生民主参与的管理体系，营造民主管理环境氛围，以改善现代大学的管理现状。

首先，我们需要约束行政权力，尊重教师及学术组织，确立学术权力的主导地位。在管理过程中，教师是核心力量，他们的专业知识和教育经验是宝贵的资源。因此，在决策过程中，应充分征求教师的意见，确保他们能够充分发挥专业优势。同时，学术组织在学术事务中起到关键作用，学校应尊重并支持他们的决策。

其次，我们要确保教师在管理与监督过程中的积极参与。这不仅有助于提高管理的有效性，也有助于维护教师的合法权益。在教育过程中，教师不仅是知识的传授者，也是学生成长的引导者，他们对于教育事务的了解和把握至关重要，因此，在管理过程中，教师应当有充分的参与权。

再次，我们还应探索学生自我教育、自我管理、自我服务的模式。学生作为教育的主体，应当参与到自身的管理和服务中来。这不仅能保障他们享有知情权、发言权等基本权利，也能锻炼他们的自我管理能力，增强其责任感。在此基础上，应当搭建学生自我管理与服务体系，充分激发学生的主观能动性，让他们积极参与到各类文化活动中来。

最后，我们需要营造有利于学生参与学校公共管理与服务的环境。这将为全面发展教育奠定坚实基础，使学生在学术、文化、社会等各方面得到全面的发展。在这个过程中，学生不仅能够提升自身的综合素质，也能为大学的管理和服务提供宝贵的意见和反馈。

（四）优化大学管理

中国古代书院的创办者多数是当时比较著名的学者、思想家或教育家，这些创办者在书院中承担着教授者和管理者的角色，类似于现代大学管理制度中的"双肩挑""教授治校"。宋代学者朱熹就是一个典型的例子。他不论是在自己创办的寒泉精舍、竹林精舍、武夷精舍，还是修复的白鹿洞书院、岳麓书院，都是自己亲自主持、讲学和制定教材与学规。有些书院则由学者或弟子出任山长，负责书院的日常管理，有些书院虽然接受朝廷的资助，但是它们还有自己的田产与资财，由院中学者主持资产管理。比如，白鹿洞书院是朱熹任江西南康军行政长官时修复的，这一时期他虽然代表朝廷修复书院，但本质上仍是一位学者，他能够秉承自身的文化"道统"，而不以官僚的身份办学，保证了书院的独立性与学术性，避免了官僚习气在书院内滋生。从这一点看，我们应该在现代大学教育中"去行政化",坚持"教授治校",减少管理机构的设置,运用民主的管理模式,提高学校的运转效率。书院文化给我们的启迪在于,探索新的大学管理模式,首先向"大师组织"转变,最终实现"教授治校"。

第二节 西方国家住宿学院制的借鉴

在高等教育领域,"住宿学院制"已成为一种备受推崇的教育模式。这种制度起源于英国和美国,我国的一些高校正在积极推行新型的书院制改革,旨在借鉴并融合英美大学的住宿学院制来提升高等教育的质量,培养具有综合素质的人才,为国家的长远发展提供坚实的支撑。

一、英美大学住宿学院的缘起与发展

12世纪时,法国大学校园里的学生家庭背景差异很大,不仅有贵族出身的学生,也有来自中产阶级和农村地区的学生。为解决当时贫困学生在住宿方面所面临的严重问题,住宿学院的建设在法国巴黎兴起。在那个时代,阶层之间的贫富差距十分显著,贵族学生通常有仆人照顾,居住条件相对较好,而贫困学生则时常面临居无定所的困境。因此,住宿学院的出现能够为贫困学生提供稳定的住所,有助于他们专注于学业。为解决贫困学生住宿问题,一些富裕的宗教信徒以及其他社会人士通过捐献房产或资金,为贫困学生提供了稳定的住宿和学习条件。1180年,第一批住宿学院在法国巴黎建设完成,这些学院的设立,不仅为贫困学生提供了一个优质的学习环境,更为他们创造了一个稳定的生活空间。

源自法国巴黎的住宿学院,在英国的牛津大学和剑桥大学获得了显著的发展。这两所知名学府的住宿学院之所以能够蓬勃发展,主要归功于两个关键因素:一是当时的宗教信仰使得一些富裕的宗教信徒慷慨捐赠,为住宿学院的建立打下了坚实的资金基础;二是博雅教育理念在英国的盛行为住宿学院的发展提供了思想保障。牛津大学最早的住宿学院分别建于1249年、1263年和1264年,这些学院的建设得益于达勒姆的威廉副主教的捐赠。剑桥大学拥有30余所住宿学院,其中历史最悠久的彼得豪斯学院已经存在了超过700年。值得注意的是,牛津大学

和剑桥大学的住宿学院虽然隶属于大学，但独立于大学的管理体系之外，具有独立的自治权，拥有各自的领导机构和章程，其住宿学院制度与全球多数大学的管理体制都存在显著差异。学院的运作必须严格遵守大学章程的相关规定。学院作为独立的法人单位，由资深导师和教授（院士）担任托管人并负责学院的日常管理和维护，确保学院各项工作高效有序进行。此外，各学院都拥有自己的校舍和基金。

在20世纪30年代，美国的高等教育体系面临着重大的挑战。学生间的关系逐渐疏远，教师与学生间的交流也日渐减少。面对这样的情况，哈佛大学和耶鲁大学，这两所享有盛誉的大学展开合作，开始创建住宿学院。这个项目旨在重塑校园社区，增进学生间的友情，并加强师生间的交流与互动。创建住宿学院的过程并非一帆风顺，但通过投入大量的资源和努力，最终取得了成功。在此过程中，一位名叫爱德华·S.哈克尼斯的耶鲁大学1897级校友的慷慨捐赠起到了关键作用。作为耶鲁大学的毕业生，哈克尼斯为母校哈佛大学作出了杰出贡献，为在校学生带来了深远福祉。1928年秋季，哈克尼斯提出了关于捐建住宿学院的建议，他向哈佛大学校长洛韦尔介绍了学院的配置与成员，学院配备住宿导师与院长，并接收大二至大四的学生。洛韦尔校长果断地接纳了这个提议。这个果断的决定极大地激励了哈克尼斯，因此他将捐款从300万美元提升至1000万美元，这些捐款至少能够建设7所住宿学院。

通过对英国大学住宿学院的借鉴，耶鲁大学成功地构建了自身的住宿学院体系，为学生营造了一个温馨、和谐的社区环境，自此，学生的学习生活方式发生了显著的转变，校园社区也得到了重新塑造。这一变革在耶鲁大学的发展历程中具有里程碑式的意义。如今，哈佛大学的住宿学院已发展至10多个学舍，这些学舍秉持着将学生的学习与生活紧密融合的理念，不仅提升了学生的生活品质，还为学生创造了更多的社交机会。住宿学院制度推动了导师之间、师生之间的紧密联系，使得学习与生活相互促进，构成一个有机整体。

哈佛大学与耶鲁大学的住宿学院与牛津大学、剑桥大学的住宿学院在很大程度上秉持相似的理念与模式，然而，经过细致探究，不难发现美国的住宿学院制度与英国的住宿学院制度之间存在着显著差异。首先，哈佛大学与耶鲁大学的住宿学院是在大学成立之后才设立的，其产生与发展紧密依赖于大学这一母体。牛津大学与剑桥大学的住宿学院的历史渊源可追溯至大学成立之前,随着时间的推移,这些住宿学院逐步发展、联结,才最终形成完整意义上的大学。这使两所大学的住宿学院在独立性方面表现得尤为突出,这种独立性不仅体现在其发展历程中,同时也反映在其日常运营与管理上。其次,就导师制度而言,哈佛大学与耶鲁大学在导师数量及导修课质量方面与牛津大学和剑桥大学相比还存在一定的差距。

二、英美大学住宿学院的人才培养特色

对英美大学住宿学院的起源和演进过程进行深入探究,我们能够清晰地看到其办学理念与中世纪欧洲早期大学之间的紧密联系,这种联系表现在中世纪欧洲的博雅教育理念在住宿学院中的体现。博雅教育注重学生的情感教育以及交流表达能力的培养,强调学生对"文科七艺"的研习。英美大学的住宿学院继承并发展了这一人才培养理念,通过推行小规模办学和导师制,使教师和管理人员能够充分关注每一位学生的成长。这种个性化教育模式有助于培养学生的独立思考能力和创新精神,使他们在学术和职业生涯中取得成功。在住宿学院中,学生来自不同的专业、年级、种族和社会背景都不尽相同。这种多元化的环境对学生的成长具有深远影响,不仅有助于学生拓宽视野、增长见识、提升个人能力,更在塑造他们健全的人格、培养其积极开朗的性格与包容开放的心态以及激发他们的社会责任感方面发挥着重要作用。同时,学生通过与来自不同背景的同学共同学习、生活以及参与各类活动,能够更好地理解并尊重他人,形成团队合作精神、集体荣誉感以及社会责任感,为自身未来的个人发展做准备。住宿学院还精心设计了显性教育环境和隐性教育环境,使学生的学习与生活紧密融合,在这种环境中,学生的学术成长与个人发展得到了全方位的关爱和引导。基于博雅教育理念,英美大学住宿学院在人才培养方面具有以下特点:

第一,"两院"关系功能互补。

在牛津、剑桥、耶鲁和哈佛这四所大学中,其显著特点是内部组织结构由独立且平行的专业学院(系科)和住宿学院两大体系构成,大学则致力于在这两个体系之间建立和维护一种微妙的平衡。从纵向角度来看,专业学院(系科)主要负责学术研究和教学工作,是学科建设和知识传播的核心力量,致力于培养具有

创新精神和实践能力的高素质人才，为学术界和社会发展作出重要贡献；而从横向角度来看，住宿学院则扮演着重要的辅助角色。住宿学院不仅关注学生的学术发展，更致力于在第一课堂之外为学生提供全方位的支持和辅导，创造温馨、舒适的学习和生活环境，使学生在异乡也能感受到家的温暖和关怀。因此，耶鲁等大学的住宿学院和专业学院（系科）之间的关系可以被视为一种矩阵式结构。通过这种矩阵式结构，耶鲁大学实现了专业教育与人文关怀的有机结合，为学生提供了丰富的学习资源和良好的成长环境。这种平衡发展的教育模式，不仅有助于学生的综合素质培养和全面发展，也能够提升大学的国际声誉和学术地位。学生主要在专业学院（系科）中接受专业知识的教育，但实际上，他们的大部分时间都是在住宿学院中度过的，能够与住宿学院的导师和同学对课堂上学到的知识进行深入的分享和讨论。这样的互动不仅能够帮助他们巩固课堂所学内容，更为他们提供了新的分析、解决问题的视角和思维方式。在上述的矩阵式结构下，教师具备双重身份。一方面，他们是专业学院（系科）中的专业教师，致力于教学和科研工作；另一方面，作为住宿学院的导师，他们又能够更近距离地指导学生，促进其全面发展。这样的设置不仅增加了教师对学生个体差异的了解，也促进了不同系科教师之间的交流与合作，从而推动了教学与科研的整体进步。

第二，学习、生活融为一体。

英美大学的住宿学院不仅能为学生提供舒适的居住环境，还可以作为一所集多种功能于一体的综合性教育机构。这些住宿学院充分考虑了学生的生活和学习需求，配备了各种场馆和设施，如餐厅、图书馆、健身房、电脑室、洗衣房、活动室以及学生厨房等，部分住宿学院还拥有琴房、摄影室、攀岩室和壁球馆等特色设施，旨在满足学生多样化的兴趣和需求。除了提供优质的住宿和餐饮服务，住宿学院还为学生和教师提供了一流的学术研究和工作环境。学生可以在这里参加各种学术活动，与导师和同学交流，拓宽自己的学术视野。同时，住宿学院的环境有着深厚的历史底蕴和丰富的人文景观，这种环境对学生产生着深远的影响。因此，可以说住宿学院在英美大学中扮演着重要的角色，为学生的全面发展提供了坚实的保障。这种教育模式充分体现了英美高等教育的理念，即培养具有全面素养的人才。此外，住宿学院的教育意义并非仅限于隐性教育方面，其还经常组织文化活动和社会实践，帮助学生更好地融入校园生活，提升自己的综合素质，这就属于显性教育。隐性教育和显性教育的双重作用使得住宿学院在一定程度上避免了大型综合性大学所面临的学科专业隔阂和师生关系疏离的现象,从而能够在日常活动中不断提高学生的素质。

第三,学科专业多元交叉。

英美大学的住宿学院作为一种独特的社区形式,以跨学科性为核心理念。在住宿学院中,不同专业、不同学科以及不同班级的学生通常混合住宿,这种模式使得拥有不同知识背景的学生共同生活在同一个宿舍中。这样安排的优点在于,它为学生提供了一个多元化的交流平台,不仅有助于学生丰富自己的知识结构,而且有助于学生拓展人际关系、开阔视野,有助于学生在学术、个人成长和社交方面取得全面的发展。在住宿学院中,学生能够广泛参与各类艺术、文体和社交活动,这些活动通常有不同专业的学生共同参与,能够形成一种跨学科的合作环境。在教学方面,住宿学院还尝试通过开设跨学科课程来提高学生的综合素质,这些精心设计的课程利用先进的教学平台,将不同学科的知识有机结合,以应对当今世界面临的重大挑战。跨学科课程的开设旨在培养学生全面思考、跨界思考的能力。这类课程强调多学科视角的运用,使学生从不同领域出发,深入思考问题,从而提高他们的综合素质。通过学习这些课程,学生将能够掌握各学科的知识体系,并学会灵活运用这些知识解决实际问题。为了让学生更好地了解社会,住宿学院还鼓励他们以研究课题的形式开展科研活动。这些课题涵盖了经济、政治、社会等多个领域,学生可以组成科研小组,从多学科的视角出发,对这些课题进行深入研究。这种做法有助于学生将理论知识与实际问题相结合,提高他们分析问题和解决问题的能力,也有助于培养学生的团队协作精神和领导能力。此外,住宿学院还与各类社会人士保持密切的联系,这些社会人士拥有丰富的经验和深刻的见解,他们定期受邀到学院与师生分享他们的知识和观点。这种交流方式为学生提供了了解外部世界的机会,使他们能够接触各种新鲜的观念和思想。这对学院的多元化发展起到积极的推动作用。

第四,师生亲密互动。

在英美大学住宿学院体系中,住宿学院的组织成员主要分为两个部分:普通成员与高级成员。学院内的本科生和研究生属于住宿学院的普通成员,是形成学院基本生活的核心要素。高级成员则包括院长、教导长、导师及助理人员等,他们在学院中担任关键职务，共同确保学院的高效运作。在住宿学院中，普通成员和高级成员有大量的互动与交流机会，这种紧密的交流有助于增强学院的凝聚力和向心力。

住宿学院旨在为学生提供一个全面发展的学术环境。在这个环境中，学生不仅有机会遇到不同学科专业的教师，还可以与他们深入探讨各种问题。这种模式打破了传统课堂的界限，让学生能够在轻松愉快的氛围中吸收知识，激发他们对学术研究的热情。住宿学院制度为学生提供了一个与不同年龄段的同学以及导师进行文化交流的平台，从而补充和深化了专业教育的内容，增强了学生的学习兴趣。

牛津大学和剑桥大学的住宿学院十分重视导师制度。这种导师制度不仅能在学习上为学生提供坚实的支持，也能在很大程度上促进师生之间的亲密关系。在剑桥大学，每一位学生都能享受到一对一的个性化关怀。为了确保新生能够顺利适应校园生活，学校会在入学时为每位新生安排一名导师，住宿学院的导师主要由研究生担任。导师每周至少会与学生会面一次，每次会面的时间在一到两小时，导师会根据学生的实际情况与学生共同商讨并制订每门课程的学习计划，给予针对性的文献阅读和论文写作指导。在日常的学习过程中，当学生完成论文后，导师将与学生一同参加论文讨论会，共同探讨学术问题，加深彼此之间的交流与合作。这种密切的师生关系不仅有助于学生的学习成长，还能为他们提供一种温馨、和谐的学术氛围。剑桥大学的这种传统，正是对教育本质的深刻理解和贯彻落实。在耶鲁大学和哈佛大学，根据学生人数划分导师，他们负责指导各自宿区内的学生，确保每一个学生都能得到充分的关注。这种制度的设计，旨在让每一位学生都能在学业和生活上得到全方位的指导，从而更好地适应和融入大学生活。导师肩负多重责任，不仅需要指导新生顺利融入大学生活，为专业相近的学生提供学业上的建议和指导，还需积极组织和参与学院的各类活动，以增进对学生的了解。导师制度不仅会在学生的学习方式上产生积极的影响，也会对教师的教学方式产生深远的影响。这一制度能够帮助学生建立自信，激发他们的思考和质疑精神，并为其提供全新的学术视角。同时，导师在与学生的交流中也能不断地获得启发和收获。

第三节　书院制在高校中的价值

在高等教育的发展历程中，其价值取向逐渐被分为个人本位的价值取向和社会本位的价值取向。站在社会的视角观察，个体相当于社会这一复杂有机体中的一个细胞，属于社会的一部分，其价值体现在个体所担任的社会角色上。在社会本位的价值导向下，高等教育更加侧重于履行其社会服务职责。在专业设置上紧密联系社会产业结构的变迁，充分考虑社会职业对人才规格的实际需求，所制订的人才培养计划和开展的教育活动更加具有针对性。个人本位的价值取向更加强调个体在社会中的生存和发展。在这种观点下，个体处于核心地位，社会被看作个体发展的基础和条件，个体与社会的关系类似于"有机体"与"环境"。因此，高等教育在个体本位的价值观指导下，更加关注学生的个体需求，在教学中强调培养学生的全面素质，注重学生兴趣的激发和内在潜力的开发，重视学生自我价值的实现和个人品质的完善。

在教育领域，价值观的引领作用至关重要，深刻影响着教育实践。在教学改革实践中，个人本位和社会本位这两种主流价值观均对教育的发展产生了一定的积极作用。随着时代的发展，人们逐渐意识到将这两种价值观念有机结合才是最为符合社会发展需求的选择，这不仅有助于教育更好地适应社会变革，还能全面关照学生发展的多元需求。在教育实践中，我们要紧密关注社会产业变革，及时调整教育专业设置，确保教育内容与职业岗位需求相匹配。这一环节至关重要，它直接关系到教育与社会发展的同步性，以及是否能为学生提供有针对性的教育。我们必须充分尊重学生的发展规律，将他们的实际需求作为教育工作的根本出发点。每个学生都是独特的个体。只有当社会期望与个体内部需求相契合，并与学生的身心发展规律相协调时，才能真正促进他们的全面发展。这要求我们在关注社会需求的同时，也要充分关注学生的个体需求，努力寻找两者之间的平衡点。

20世纪末以来，我国的高等教育领域经历了前所未有的深刻变革，逐步从精英式教育转向大众化教育。伴随这些变革，我国经济社会快速发展，人民生活水平不断提高，学生需求多元化发展。如今，高等教育面临着更高的期待和更复杂的环境，如何在满足社会发展需求的同时，满足学生个体需求，成为每一所高校都需要深入思考的问题。随着我国经济社会的持续发展，高等教育被赋予了更加重要的使命，那就是助力国家发展战略，推动创新型国家建设，培养具有国际视野和创新能力的人才。学生需求的多元化对高等教育提出了更高的要求。现在，学生对教育的期待越来越高，他们希望在学校能获得全面的成长，这就需要高校在教育理念、教学方法、管理模式等方面进行改革和创新。高等教育的竞争格局也在不断演变。如今，教育竞争不再局限于国内的高校之间，在我国的教育走向国际的过程中，国外高校的加入使得竞争更加激烈。面对这种形势，我国高校必须增强自身的竞争力，不仅要提升教育质量，还要注重校园文化建设，优化师资队伍，加强科研创新，以吸引更多的优秀学生。同时，也要关注社会需求，以确保人才培养的针对性和实用性。只有这样，我国高校才能在激烈的高等教育竞争中保持领先地位，为国家和民族的未来发展作出更大的贡献。

书院制作为我国高等教育体系的一部分，其核心宗旨是促进学生全面发展，培养高素质人才。书院制更注重全面性和针对性，不仅关注学生在课堂内的知识学习，更强调课外生活的教育意义，致力于为学生营造优质的教育环境，以培养学生的品格素质和社会能力。在这样的教育模式下，学生有机会在更为宽松、自由的环境中接受学术知识、道德伦理、社交技巧等多个方面的教育。这种教育模式有助于引导学生树立正确的价值观并形成积极的人生态度，增强社会适应和发展能力。此外，书院制强调将教育融入学生的日常生活中，以学生为主体，以生活为载体，将教育贯穿于学生的日常活动中，实现全方位的教育引导。通过这种模式，学生不仅能在课堂上学习知识，更能在生活的点滴中体验和感悟知识，实现知行合一的教育目标。书院制为我国高校教育体系注入了新的活力，提供了更为全面、有针对性的教育模式，有助于培养出更多高素质的人才。

书院制是我国高等教育领域的一项重大创新，它以深度改革和优化人才培养模式为核心目标，致力于探索全新的学生管理体制。这种独特的教育管理模式为我国高等教育提供了新思路、增加了新内涵，为我国高等教育的改革与发展注入了新的活力。书院制通过实施独特的导师制度、推行通识教育以及实行混合住宿等举措，对高等教育改革产生了深远的影响，为我国高等教育的发展开辟了新的道路。

一、丰富学生管理体制

书院制作为高等教育领域的一种创新管理体制，旨在与学院制互补，共同构建更为完善的学生培养模式。其核心在于全人教育理念，致力于引导学生深入探索生命的真谛，同时注重学生智力、道德、情感、社会性及创造力等多方面的发展。书院制强调人的全面发展，不仅关注学生的学术成就，更重视其道德品质、情感体验、社会交往及创造力等方面的发展，这有助于学生在学术成就的基础上，真正实现个人综合素质的提升。书院制的管理模式以学生为中心，更加注重学生的实际需求。

书院制通常采取混合住宿的方式，将来自不同学科专业和年级的学生安排在同一书院居住，这种模式旨在促进学生之间的跨学科交流和学习，使学生在日常生活中能够接触不同领域的知识和文化。这不仅有助于提高学生的综合素质和跨学科思维能力，还为他们提供了一个互相交流、分享的平台，有利于学生从多元视角看待问题，提升自身的沟通能力和人际交往能力。此外，书院制管理模式在学生的个性发展和道德形成方面发挥了积极作用。这种模式使学生有机会与不同性格和气质的同学交流，从而使他们拥有包容心态和开阔胸怀。在我国的高等教育领域，书院制的实施进一步丰富了管理体制的多样性，通过其与学院制管理的有机结合，构建了一个更加完善的高等教育管理体系。

二、创新人才培养模式

书院制教育模式的核心驱动力是对学生的全面发展和个性发展的追求。这种教育模式强调尊重学生的个体差异和学习能力的独特性，将学生置于人才培养的中心位置，使教育回归其最原始、最根本的目标，即培养出具有鲜明个性、独立思考能力的创新型人才。书院制与学院制的专业教育相互补充，共同构建了一个全新的人才培养体系。在我国经济和社会迅速发展的背景下，高等教育应当承担起培养具备高尚道德品质和较高文化素养的创新型人才的重要使命，这些人才应具备适应社会需求和引领未来发展的双重能力。因此，我们需要重新审视和调整高等教育的发展方向，注重学生的综合素质培养和全面发展，以适应不断变化的社会需求和未来社会的发展趋势。书院制致力于多方面知识的传授，更注重培养学生的创新能力，激发学生的创新精神，培养其独立思考的能力，有助于他们更好地应对未来的挑战。

书院一般实行导师制，综合运用小班授课、小组研讨以及自主学习等多种教育方法，以培养学生的独立思考能力为重点任务，注重以人为本的教育理念和因材施教的教育准则。书院拥有一支高素质的导师团队，导师具备深厚的学术造诣和丰富的教学经验，能够精准把握每位学生的学习状况，并针对学生在学业上的困惑进行有效的指导。导师始终对培养学生的专业知识与技能保持高度的关注，同时也重视对学生学习方法和思维方式的引导与塑造，引导学生全面发展。此外，书院精心配备了生活导师，专门负责解决学生在书院生活中的各类问题，为其提供全方位的关心与支持。在书院中，导师与学生同吃同住，这种亲密无间的师生关系，有助于教师的优秀品质和人格魅力在日常生活中对学生产生积极影响，促进学生健康成长。导师制的真正作用并不在于向学生灌输大量专业知识，而在于引导学生通过讨论交流培养独立思考能力，形成自己的观点，并勇于表达自己的见解，让学生敢于质疑。

三、促进知识综合化

书院制教育模式作为一种历史久远、独具优势的系统性教育形式，旨在达成通识教育目标，全面提高学生素质，致力于培养学生的基本认知能力、独立思考能力以及社会责任感。通识教育的目标不仅要提升学生的专业技能，还注重学生的全面发展，助力学生突破行业局限，成为具有理想追求和家国情怀的公民。在这一教育理念下，书院制应运而生，成为一种顺应时代发展趋势的教育模式。在书院制教育模式中，混合住宿作为一种创新性住宿安排方式，为通识教育的实施提供了有力支持。书院不仅是学生的学习场所，更是一个良好的生活空间。在此环境下，不同专业、文化背景的学生共同生活，促进了他们之间的跨学科交流，拓宽了其知识视野。这种住宿模式促进了学生间思想的碰撞，使他们在交流中取长补短，共同成长。导师制是书院制实施通识教育的另一个重要途径。导师在学术专业上对学生进行指导，协助学生将所学知识融入个人知识体系，形成综合的系统化认知。同时，导师关注学生的个体发展，助力他们实现学术方面与个人成长方面的双重提升。首先，导师的指导作用在学术层面上体现得尤为明显。他们以自身的专业知识和经验为学生提供讲解，使学生在学术研究中找到方向，提升研究能力。在这个过程中，导师不仅会向学生传授知识，还会引导学生独立思考，培养他们独立解决问题的能力。其次，导师的人格魅力和学术精神会在日常生活中对学生产生深远影响，他们以自己的言行举止，为学生树立良好的榜样，使学生在潜移默化中接受学术精神的熏陶，形成良好的学术素养。

第四节　高校实施书院制的必要性与可行性

一、高校实施书院制的必要性

（一）产业变革对人才的新要求

改革开放以来，我国制造业在高等教育的大力支持下，取得了举世瞩目的成就。众多优秀的毕业生为制造业注入了新的活力，推动了行业的快速发展。我国正在积极推动技术创新和产业升级，通过加大研发投入力度、加强人才培养和引进国外先进技术等方式，努力提升我国在全球价值链中的位置。同时，我国也意识到了教育对于产业发展的关键作用。我国教育体系正在不断改革和完善，以更好地适应社会经济发展的需求，通过加强职业教育和技能培训，提高人才培养质量，为制造业等产业的发展提供更多的人才支持。当前，我们正处在一个信息技术飞速发展的时代，新技术和新应用不断涌现，我国在机器人技术、控制系统和仿真系统等领域取得了显著突破。这些技术的发展预示着未来社会生产方式将发生深刻变革。面对这一变革，我国需要进一步加强科技创新和人才培养，以适应新的生产方式和社会需求。同时，政府和企业也需要加强合作，共同推动产业转型升级和高质量发展。

随着制造产业的智能化发展，未来的生产模式将更加注重个性化和定制化，这不仅要求学生具备操作和维护设备的基本技能，更要求他们具备跨学科思维、创新能力和终身学习的意识。因此，高校在培养人才时，除了注重专业知识和技能的传授，还应加强培养学生的通用能力和职业素养。在技术革命的推动下，产业变革正在不断深化，对人才素质的要求也在不断变化。为有效应对这种变化，学生需要具备更加扎实的技术技能，同时还需要具备社会责任意识、工匠精神、职业道德、沟通交流能力和协作精神等。

地方经济是高校发展的重要支撑，而为社会输送高素质技术技能人才则是高校的核心使命和价值所在。因此，面对产业变革带来的社会就业结构和人才需求的变化，高校的人才培养目标定位也需相应地进行调整，以更好地适应新的社会发展需求。高校应当紧密结合当前产业变革的实际需求，制定科学的人才培养方案，这需要我们紧跟产业发展趋势，确保人才培养的针对性和有效性。我们需要摒弃过分强调技能学习而忽视素质培养、重视专业教育而轻视文化教育的观念，在培养学生技术技能的基础上，应更加注重培养他们的职业素养和工匠精神。这样不仅可以提升学生的专业能力，还能促进他们综合能力的发展。总之，面对产业变革的挑战，我们必须对人才培养体系进行深度改革。通过创新教育理念、优化资源配置等措施，我们可以培养出更多具备高素质的技术技能人才，为我国的社会主义现代化建设提供坚实的人才支撑。

在信息传播技术不断升级的背景下，网络和多媒体技术对大学生的生活产生了深远影响。如今，大学生频繁利用网络进行交流和学习，这得益于智能手机的普及以及腾讯QQ、微信、微博等社交软件的便利性。这些软件不仅方便了他们的日常沟通，还成为学生获取各类信息的重要途径。此外，随着翻转课堂、MOOC（慕课）等新型教学模式的兴起，学生能够随时随地获取丰富的学习资源，进一步提高了学习效率。在当今时代，信息的快速传播使得高校传统的教学和管理制度受到了挑战，而建立书院就是有效应对这种挑战的一种措施。

（二）现有人才培养趋势

我国的高等教育在长期发展中已为社会输出大量优秀的人才，为经济社会的进步提供了重要的人才支撑。如今，高校的人才培养模式有必要进行深入的反思和改进。一方面，高校应重视学生的综合素质教育，尤其是心理素质和人文素养的培养，助力学生塑造健全的人格和良好的心理素质。另一方面，应加强实践教学，提升学生的动手能力和实际操作技能，使其能够更好地满足社会需求。

在高等教育领域，存在着两种主导的教育理念：实用主义与人本主义。实用主义强调教育的社会应用价值，致力于将教育与经济发展紧密结合；人本主义则注重人的内在需求和发展，强调教育的个体发展功能。随着时代的发展，这两种理念开始融合，形成一种新的教育发展趋势。这种融合旨在平衡教育的社会价值和个人价值，培养既有社会责任感又能实现自我价值的人才。高等教育在满足社会需求的同时，也开始关注学生的个体发展。教育工作者逐渐认识到，高等教育不仅要培养学生的专业技能，还要注重培养他们的综合素质和可持续发展能力。随着社会的不断进步和学生需求的多样化，我国高等教育正面临着前所未有的挑战。为了适应这一挑战，高等教育亟待改革和完善人才培养模式，进一步丰富"素质本位"教育的内涵。在此背景下，书院制教育模式应运而生，它是一种以人本主义教育理念为基础的新型教育模式，其核心理念在于促进学生的全面发展。这种模式通过实施非形式的教育、加强师生交流以及组织社会实践活动，帮助学生在学术以外的领域拓展视野、提升素质。

二、高校实施书院制的可行性

（一）高校实施书院制的政策支持优势

在我国高等教育事业改革初期，部分高校尝试引入书院制教育模式，以提升人才培养质量。书院制这一富含历史底蕴的教育模式，其核心理念与现代教育观念相吻合，有助于培养具备全面素质和创新精神的优秀人才。随着国家教育事业的发展，教育部门对教育规律的理解日益深化，相关政策法规也逐渐完善。这些政策为书院制的实施提供了有力保障，使高校在探索书院制教育时有据可依，目标明确。

1. 党的教育方针

在党的十九大精神的指引下，建设教育强国被视为实现中华民族伟大复兴的关键举措。在高校的建设工作中，首要的任务是坚定不移地完成立德树人的根本任务，确保学生"德智体美劳"五个方面的均衡发展，并始终坚持社会主义办学方向，致力于培养德智体美劳全面发展的社会主义建设者和接班人。在新时代背景下，我们的教育目标更加明确且内涵更加丰富。我们要重视专业教育，同时也要充分认识到社会教育的价值。"德智体美劳"五个方面，虽然各有其独特的内涵和要求，但它们之间相互关联、相互促进。任何一个方面的缺失，都会对整体教育效果产生影响。因此，在实践中，我们必须将它们作为一个有机的整体来考虑和实施，注重各育之间的内在联系和相互促进的关系。这样，我们才能真正地培养出符合时代要求、全面发展的优秀人才。

2. 加强人才培养的政策

《高校思想政治工作质量提升工程实施纲要》（2017）指出当前高等教育存在的问题之一就是"全员、全过程、全方位育人格局还未完全形成"。教育部办公厅《关于开展"三全育人"综合改革试点工作的通知》把破解高校问题作为目标指向，从省级、学校、院系三个层面发力，构建"一体化育人体系"，打通"三全育人"最后一公里，提出"形成全员、全过程、全方位育人格局，切实提高工作亲和力和针对性"[1]。

教育部正在深入推进"一站式"学生社区综合管理模式试点建设工作。这一创新举措以书院和宿舍等学生生活区域为基础，将各类资源和服务集中于学生教育管理服务的第一线，旨在将生活区域转变为一个集思想教育、师生交流、文化活动和生活服务于一体的教育生活场所，旨在改革学生组织形式、管理模式和服务机制。通过这种方式，学校党团组织、管理部门和服务单位能够更直接、高效地对学生进行教育、管理和服务。这一举措的目标在于提升我国人才培养的质量，进一步凸显了我国对人才培养工作的高度重视。为确保这一目标的实现，相关部门已出台文件，进一步推动高校学生社区的建设工作。这些文件明确了学生社区建设的指导思想、发展目标和政策措施，为各地开展试点工作提供了有力保障。

（二）高校实施书院制的经验及环境优势

我国拥有深厚的书院教育历史底蕴，现代大学书院制也取得了一些实践成果，高校学生宿舍管理的实际情况也在好转，这些优势不仅为高校书院制的建设提供了宝贵的经验，还为其创造了有利的外部环境。

1. 我国悠久的书院教育传统

中国历史悠久的书院教育，具有深厚的文化底蕴和重大的社会价值，其作为教育和文化交流的重要平台，为知识的传承与创新提供了土壤。在今天的高校建设中，我们可以借鉴古代书院的运作模式，汲取其教育理念和管理经验，以推动

---

[1] 中华人民共和国教育部.教育部办公厅关于开展"三全育人"综合改革试点工作的通知[EB/OL].（2018-05-25）[2024-01-17].http://www.moe.gov.cn/srcsite/A12/moe_1407/s253/201805/t20180528_337433.html.

现代高等教育的持续发展。通过深入研究古代书院的教育模式，结合现代教育的需求和特点，我们可以为高等教育注入新的活力，培养出更具创新精神和实践能力的人才。古代的书院大多环境宜人，设施完善，书院内部倡导师生平等，强调学研相长、理论与实践相结合，积极促进学生间的交流与对话。主讲者通常为德高望重的卸任官员、知名儒者或隐士，他们以自身的品行和学识成为学生的楷模。此外，古代书院还倡导学生参与书院的管理，通过实际工作的过程培养其责任感和能力。书院教育承载着深厚的历史底蕴，对于传统文化的传承与弘扬起到了至关重要的作用。通过对传统文化系统的研究与传播，书院教育不仅能够影响学生、教师、家长等教育相关人士的思想观念，更能在社会各界产生广泛而深远的影响，这不仅有助于人们形成对书院制度的认同感，更可以为书院制的发展营造良好的社会环境，为其持续发展注入强大的动力。

2. 部分高校的先试先行

如今，我国在书院制实践方面已在本科院校及高职院校中积累了一定经验。这一教学模式在应用中虽然仍存在一些问题需要解决，但已基本获得了社会各界的认可。这得益于一系列的包括导师制、学生自主管理、书院设施建设等方面的探索和实践。在导师制方面，我国实现了导师队伍的多元化，提升了个性化教育的质量，增强了教育的针对性。导师不仅关注学生的学术表现，还关注学生的心理健康、职业规划等，可以为学生提供全方位的指导。在学生自主管理方面，我国高校构建了学生社区的组织架构，充分发挥了学生的主体作用，通过参与社区管理，学生学会了自我管理、团队合作和承担责任，这些能力对于他们的未来发展具有重要意义。此外，这种自主管理模式还激发了学生参与课外学习实践的积极性，有助于提高他们的综合素质。在书院设施建设方面，我国积累了空间布局、文化空间发展等有益经验。这些经验有助于营造浓厚的书院文化氛围，为学生提供一个舒适的学习和生活环境。此外，众多学者对现代大学书院制进行研究，将实践探索升华为理论总结，为书院制的发展指明了方向。同时，通过学术研讨会，书院制建设者和理论专家齐聚一堂，聚焦书院问题和发展，不断推动书院制的建设。这种学术交流有助于我国书院制的发展，为培养更多优秀人才奠定了基础。

3. 学生住宿制的广泛存在

在我国，高校普遍采用住宿制，宿舍成为学生生活、学习、交流思想和人际交往的重要场所，这为书院制的推行奠定了坚实的基础。随着高校宿舍的普及和住宿学生的多样化，大学宿舍已发展为一个具有广泛影响力的平台。学生们在校园内的主要活动区域包括教室、图书馆等，但他们在宿舍的时间占据了大部分时间。宿舍成为学生除课堂之外，度过大部分时光的地方。在这里，他们不仅结识了志同道合的朋友，还开展了各种有益身心健康的活动。现在，一些高校正在进行新的规划和建设，不断完善生活设施，并将各类教育资源集中于生活社区。这些生活社区不仅拥有便利的生活设施，还会经常举办各级领导与学生的面对面交流活动，此外，还有学业辅导、心理咨询等师资力量进驻。这些举措为书院制建设注入了新的活力。

第三章 现代高校书院制学生管理模式研究

本章为现代高校书院制学生管理模式研究，依次为书院制学生管理模式概述、书院制学生管理模式现状、书院制学生管理模式的优化策略三个方面的内容。

第一节 书院制学生管理模式概述

一、书院制学生管理模式的概念

书院制作为高校学生管理模式，其出发点和归宿点是提高教育质量，培养优秀的人才，其本质追求是学生自由而全面的发展。教育管理的改革要以学生为本，从学生发展的角度思考问题，书院制的核心就在于坚持"以学生为中心"的教育理念。在对书院制理论研究和实践经验的梳理中，可以发现书院制与学生全面发展的需要相联系，无论是书院提倡的通识教育，还是欧美大学住宿学院倡导的博雅教育，都以"全人（total person）"教育为愿景，学生在拥有专业知识的同时，还应当接受通识教育的熏陶，以更好地与社会连接。书院提供完善的生活和学习设施，创设良好的学习和生活空间，实行混合住宿，为各学科专业的学生相互交流学习提供机会和条件，并开展丰富的学生活动。书院的另外一个重要特点是实行导师制，为学生安排辅导员、导师和学习指导员，以更好地指导学生的学习和生活。

对于书院制学生管理模式的概念，不同学者从不同的研究角度对书院制概念进行了解释和定义。如书院制就是指高等学校为实现学生全面发展和文化素质提高的目标，充分借鉴西方及港台大学书院制度，通过改革学生住宿与学生管理制度而建立的一套学生管理体系。这些定义比较集中地体现了书院制的内涵和特征，具有一定的科学性和合理性。书院制是在传承中国传统书院精神，借鉴住宿学院形式的基础上产生的，在文化传承和学生培养目标等方面，与住宿学院存在着差异，不应把两者等同起来。

本书中所提到的书院制学生管理模式，是我国古代书院和欧美住宿学院制度的融合，是以学生住宿舍区为依托，围绕"立德树人"的基本育人目标，通过落实本科生导师制、加强通识教育课程和环境熏陶，拓展学生学术及文化活动，促进文理渗透、专业互补，提供不同专业背景的学生混合住宿，促进学生之间的交流协作，致力于大学生自我教育和自我管理，提高学生综合素质，促进大学生全面发展的一种新型学生教育管理模式。

二、书院制学生管理模式的特征

在对书院制学生管理模式的研究和实践中，各个高校通常都会结合本校情况，使书院制改革呈现出本校特色，但是在基本教育理念、组织管理、教学方式等方面具有共通性，呈现出以下共性特征：

（一）开展通识教育

书院制学生管理模式将"以学生为中心"作为出发点，把促进学生的全面发展放在首位，通过开展通识教育，培养学生正确的价值观、健全的人格、良好的社会适应性。在此背景下，通识教育的重要性愈发凸显。通识教育的宗旨在于使学生具备广泛认同的知识体系和价值观，助力他们更好地适应并融入多元化的社会环境。同时，其也关注学生综合素质及批判性思维的培养，使他们能在面对复杂的社会变革时具备较强的应对能力。与欧美大学住宿学院推行的博雅教育理念相近，书院通识教育旨在让学生将知识融会贯通，获得自由发展，成为"完整的人"。开展通识教育是高校书院主要的功能之一，书院为学生提供系统的通识教育课程，让学生能够进行多元化的选择。将书院作为开展通识教育的主体，具有系统性和整体性的优势。书院不仅可以开展正规的通识课程教学，还便于在日常生活中开展非形式化的通识教育活动。在开展通识教育的过程中，书院以浓厚的人文情怀，陶冶学生高雅的情操，引导学生与社会和他人建立良好的联系，学会做人、学会生活、学会学习。

（二）实行导师制度

书院实行导师制是为了更好地指导学生的学习和生活，欧美大学住宿学院的导师制度被认为是教学的精髓所在，同样的，在中国传统书院中和谐融洽的师生关系也被广泛关注和传承。各所大学书院的导师制度存在一定的差异，但导师可以基本分为三类，一类是常任导师，主要由专职辅导员担任，一类是学术学业导师，一般由学校专业学院教师担任，还有一类是兼职导师，一般由具有管理经验的高年级学长或研究生担任。常任导师主要负责日常的学生事务，包括思想政治教育、心理咨询、生活指导等；学术学业导师通过学术讲座、学术交流、咨询导航、对话交流等方式，帮助学生解决在学习中遇到的问题，指导学生的课程作业和学术研究等；而兼职导师主要帮助学生解决学习和生活中遇到的比较细节的问题，以学长的角度给予帮助和建议。为了让导师对学生的指导有针对性和个性化，通常一位导师带三至五名学生，导师和学生双向选择。书院的部分导师与学生同住书院社区，经常性地接触，师生间的感情变得融洽，导师对学生了解得深入，让因材施教成为现实，导师可以根据学生个性和特质进行更加合适的指导。在长时间的共处中，导师的一言一行影响着学生，其人格魅力也在潜移默化中影响着学生，其学术追求也会激励学生潜心学习。

（三）实行混合住宿

混合住宿制度源于欧美大学的住宿学院，不同文化背景、不同地域、不同学习方向的学生居住在一起，带来了不同思想的交织。当前，很多书院实行了学生混合住宿。各大学书院实施混合住宿的具体方式不尽相同，但大部分书院实行的是同一学科门类不同专业学生随机混合住宿的方式。混合住宿为不同专业的学生创造了相互学习交流的环境，有利于开阔学生的学习视野，促进其进行跨专业、跨领域的交叉学习，激发学生的创新思维和创造能力。互诘式的对话交流是学习的一种有效形式，混合住宿无疑有利于学生之间展开互诘式对话交流。有观点认为，互诘式对话交流使用得当，可以使学生突破专业的假设和束缚，促进思维的发散与创新，获得广阔自由的发展。同一宿舍的同学是一个紧密的群体，群体成员之间会产生相互影响，心理学家将这种相互影响称为同伴影响（peer influence）。混合住宿有利于学生扩大交往半径，扩展人际关系网络，帮助学生学会友善地与他人相处，学会沟通时的理解和包容，更重要的是学会从不同角度去审视和思考问题。

（四）完善的住宿功能

书院制学生管理模式是以学生宿舍为载体展开的，书院一般具有完善的生活基础设施。书院生活社区一般设有宽敞明亮的餐厅，提供营养均衡、干净卫生、口味丰富的餐饮，布置幽雅的用餐环境，方便书院师生用餐。宿舍设有独立卫生间、洗漱间，有简单实用的家具，有的安装了空调和暖气，可以连接互联网，24小时供应热水和饮用水。很多书院的宿舍楼内设有自助打印机、自动洗衣机、烘干机、生活药箱等公共设施和用品。书院社区在提升教育功能方面，设有图书馆或图书室，为学生提供阅览和借阅服务，藏书根据书院特色不同，在专业领域方面有所侧重，如香港中文大学新亚书院以弘扬中华传统文化为特色，关于中华文化方面的藏书就比较丰富。书院为了拓展学习空间，设有学习室，用于学生自习，设有讨论室，方便学生交流讨论。为了丰富学生的生活，书院还设有运动健身室、文化活动室、音乐房和咖啡厅等，方便同学间的日常交往，同时学生还可以通过这些设施展示自己的个性和才华。正如欧美大学的住宿学院，有的书院配置了导师的休息室和生活区，以便于师生间的日常交流。有的书院还建有花园或小公园，创造休闲、怡情的优美环境，也可用来举办户外活动。书院的标志建筑也成了隐性教育的素材。

（五）丰富的文化活动

丰富多彩的文化活动是书院的重要特征之一，起到了增长学生的知识，展现学生的才艺，发挥学生的个性等作用，让学生的课余生活变得丰富和充实。梳理书院的学生文化活动，包括学术讲座、学术交流、读书会、科技竞赛、校外交流等。此外，有的书院还举行师生午餐会、创意分享会等活动。为了推动学生活动的开展，书院还会制订活动计划，成立社团组织，为活动开展提供支持，不断提升活动的质量和内涵。

三、书院制学生管理模式的依据

（一）理论依据

1. 全人教育理论

实现人自由而全面的发展是马克思主义教育思想的核心，是教育的本质追求。全人教育思想具有丰富的内涵，古今中外的很多学者都推崇全人教育的思想，德国著名哲学家康德认为，"教育的使命在完成人之所以为人"[1]，教育的任务就是要促进人的全面发展；我国古代教育家孔子以"六艺"为主要教学内容，培养全面发展的学生。古今中外的大学教育也将培养全人作为教育的愿景和追求。然而，在现代大学分科教学、专业教育的发展过程中，学生学习的内容越来越专业化、知识划分越来越细，侧重于某一领域的深入发展。学生不仅要有专业的知识，还应当对人类知识文化、民族精神文化等方面有整体性认识和理解，在有科学知识的同时，还要有人文情怀。

在全人教育理论指导下，大学也进行了教育的改革与实践。书院制学生管理模式正是全人教育理论下的教育改革，如苏州大学敬文书院就以"育人为本，德育为先，个性培养、全面发展"为理念。为了促进学生的全面发展，书院专门负责开展学生的通识教育，建立完整的通识教育体系，协调专业教育与通识教育的关系，以培养"通才"为目标。书院充分开展通识教育，努力将学生培养成既有专业科学知识，又具备广博人文素养的高素质人才。小原国芳的《全人教育论》中指出全人教育应该由六个方面组成，即学问、道德、艺术、宗教、身体和生活。这六个方面在书院的日常活动中都得到很好体现，通过讲座增长学生的知识学问，通过思想教育提升学生的道德修养，在文体活动中提升学生的艺术品位、锻炼其健康的体格，用美育代替宗教塑造学生的精神，开展社会实践增强学生的社会生活能力等。小原国芳倡导在教育中实行学塾教育理念，与大学书院效仿古代书院教育传统的理念相同，提倡尊重学生个性，师生同吃同住，营造师生间的温情。书院开展通识教育，是全人教育理论的指导下，现代大学为促进学生全面发展进行的教育创新。

---

[1] 赵多山. 感悟教育人生 [M]. 北京：民主与建设出版社，2017：29.

2.建构主义学习理论

建构主义学习理论（constructivism）与行为主义学习理论、认知主义学习理论被称为三大学习理论。在对近年的教育教学研究的分析中可以发现，建构主义学习理论是诸多研究关注的重点。学习是一个包含诸多因素的复杂过程，学习结果与学习任务的复杂程度、学习环境等客观条件有关，也与学习者的准备程度等主观因素有关。通过对学习理论进行简单的梳理，可以发现其发展的脉络（图3-1-1），现在大学生的生活水平提高，学习的环境也变得更具丰富性，建构主义学习理论更加适应这种情景。行为主义学习理论创立于20世纪初，该理论认为人的思维源于外界事物的刺激，即施加外界刺激引起主观反应。到20世纪50年代中叶，布鲁纳（J.S.Bruner）等心理学家提出了认知主义学习理论，认为学习是面对当前情景，通过大脑积极地组织，进而发展形成认知结构的过程。学习包含很多因素，并非通过简单的"刺激—反应"就能完成，而是学习者内部认知变化的复杂过程。1972年，瑞士心理学家皮亚杰（Jean Piaget）等提出建构主义学习理论，认为学习不是被动地接受外界信息，而是在一定社会文化背景下，主观能动地构建知识的过程，强调学生学习的主动建构性、社会互动性和情景性三方面。建构主义认为"情境""协作""会话""意义建构"是学习环境中的四大要素。这启示在学校教育活动中，应当创设有利于学生思维形成和发展的情景，积极开展协同合作性学习，创造交互对话的条件，促进学生积极地构建知识。这与书院制学生管理模式的理念是契合的。

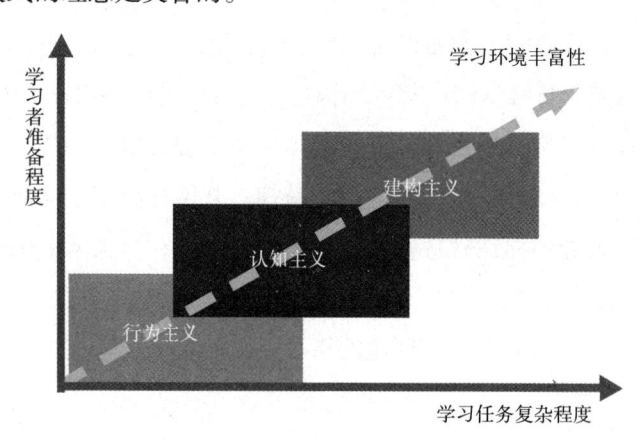

图3-1-1 学习理论发展脉络图

书院实行不同专业学生混合住宿，改变了同一专业住宿的格局，为学生的建构式学习创造了良好条件。在日常学习中，学生的思维方式往往会受到专业的局限，而不同专业的学生共处一室，可以从不同的角度来看待同一个问题，这种交互式的学习使学生思维得以发散，更容易激发其创意和灵感。不同知识结构的学生相互交流，形成了一个多元的知识空间，构建出了一个良好的学习情境。在促进学生的"协作""对话"方面，书院通过小组讨论等方式，创设合作性课堂（cooperative classroom），让学生在合作小组的相互合作中，分享构建思想的过程，给予学生机会去反思、阐述自己与他人的观点。书院的很多文体活动、社会实践也往往以团队的形式开展，这也增加了学生的协作和对话。建构主义的代表人物之一维果斯基认为，人的高级心理机能不是人自身所固有的，而是在与周围人的交往过程中产生与发展起来的。书院制通过实行混合住宿、开展学生活动等方式，可以增进学生与周围人的交往互动，为学生创造一个完整的学习情境。建构主义教育管理思潮的代表人物莱姆巴特（Linda lambert）和沃克（Deborah Walker）认为，管理是一种交互的过程，这种过程使组织成员能够自我构建。这种思想也在书院管理中得以体现，书院将学生作为组织成员，让学生参与书院的管理，高年级学生和研究生可以担任书院兼职导师，书院的很多事务都是由学生参与或直接管理，让学生主动去构建适合自己的学习和生活环境。

3. 学习型组织理论

学习型组织（Learning Organization）理论起源于组织学习理论。学习型组织理论运用新思维对组织管理进行思考，认为组织内的所有成员应当参与问题的识别与解决，提升组织面对剧烈外部变化稳定发展的能力，并推动组织的可持续发展。这就要求组织建立共同愿景（Building Shared Vision），凝聚组织成员的共识，努力追求组织目标。通过团队学习（Team Learning）完善成员的知识结构，提升成员的智力水平，并在学习的过程中贡献个体智慧，使团队的决策更加科学，增强组织的团队凝聚力。学习型组织应当改变组织成员的心智模式（Mental Models），以优秀的组织为标杆，强化组织成员的学习意识，随着社会经济发展的新形势，从新的角度思考组织发展。学习型组织要能够营造出积极向上的工作氛围，促使成员不断自我超越（Personal Mastery），为了达成组织愿景发挥创造能力，热情持久地投入工作。应当从整体上把握组织面临的情况和问题，进行系统思考（System Thinking），分析组织内部及组织外部之间的联系，广泛收集信息资讯，将与组织相关的要素联系起来，多维立体地把握事物的整体。

学习型组织理论作为一种管理理论，在企业组织中备受推崇，并在实践中取得了良好效果。它也在教育组织中产生了深远影响，不少美国学校在教育规划和学校管理中，引用系统理论（systems theory）和学习型组织理论，改进了学校的教学效果。彼得·圣吉也表示，学校在建立愿景、团队学习等方面比企业组织更有优势，肯定了学习型组织理论对于教育组织的适用性。基于教育方面的研究，彼得·圣吉编撰了《学习型学校》（Schools That Learn），认为学校的教师、管理者以及其他利益相关者应当学习如何构建自己的能力，即发展学习的能力，学校应该反思"工业时代"的学习定型，遵循五项修炼原则，重新设计组织的变革模式，恢复学校的生机与活力。

书院制学生管理模式正是将书院作为学习型组织进行设计，从系统的角度出发，将所有要素看作相互联系的，在构建育人环境的时候，通过整体性的构思，将与学生学习成长有关的要素集合起来，融合到书院建设中，全面考虑学生与教师之间、学生与学生之间、学生与住宿环境之间的关系，从而建立有利于学生学习成长的书院系统。在学习过程中强调发挥学生的个体优势，同时强调学生之间的相互作用，通过小组讨论、主题报告等形式促进团队学习。每个学生的心智模式各不相同，交互学习使学生融汇其他同学的思维和观点，全面地感知和阐释变化中的事物。以学习型组织理论为依托，书院积极构建积极的分享、交流的文化氛围，学生可以自由地提出问题以便大家共同讨论，同时也可以积极回应其他同学提出的问题，不同思想的交互可以促进新观点、新事物的产生，所谓学术的根源就在于交流。这种交流不仅在线下，还可以在线上进行，书院利用互联网技术搭建网络交流社区，学生可以随时在网络平台展开合作性的学习交流，而不受时空的束缚。书院构建学习型组织的过程中，还注重与外界的联系，通过与其他学校的交流合作，借鉴先进经验以解决存在的问题，在与全球高校建立的交流项目中，让学生可以与世界各国的学生进行交流对话。

（二）现实依据

1. 社会发展对教育提出了新要求

教育发展与社会的经济发展、政治文化有着密切的关联，社会发展水平制约着教育的发展进程，教育发展同时也发挥着推动社会变迁的作用。随着社会经济增长对知识的生产、扩散和应用的依赖程度进一步提高，社会进入了知识经济时代，经济发展需要优质的教育提供智力支持。"十三五"规划中将"创新"作为五大发展理念的首条理念提出来，而创新需要依托高素质人才，高素质人才培养需要依靠优质教育来实现。当前，我国经济发展方式正从依靠要素驱动向依靠创新驱动转变，处于重要的转型时期，需要一大批符合新型经济发展需要的创新型、复合型高素质人才，这是教育需要面对的新课题。不仅如此，随着经济全球化的进一步发展，世界各国的联系更加频繁，为了适应全球经济发展潮流，教育应当在培养学生国际化素养方面给予关注。在知识社会里，教育应该培养学生什么样的素养，以适应这个社会发展的需要，是教育管理最应关注的课题之一。

围绕知识社会新型人才应具备的"核心素养"培育，世界各国展开了教育研究和改革。美国教育界提出的"21世纪型能力"（21st Century Skills）认为，除学科知识外，新型人才还要具备"4C"认知能力，即沟通能力（communication）、协同能力（collaboration）、批判性思维（critical thinking）、创造性（creativity）。2010年，俄罗斯颁布的《国家基础普通教育标准》中提到，要注重学生的个性修养，培养其通用的学习能力，并使之获得学科的知识与技能，而对于本科生则要求具备一般文化素养、一般职业素养和专业素养。为了让学生拥有良好的公民素养，比利时在学校中采用跨学科主题活动方式，学生以不同身份角色参与活动，可以更好地体验社会生活和公民生活。我国教育学者华东师范大学钟启泉教授认为："核心素养的关键不在于单纯的知识技能，而是将知识和技能应用于解决现实课题应当具备的思维能力、观察事物的判断力、语言文字的表达能力以及个人的人格品性。"[①] 为了适应社会发展带来的教育新课题，我国高等教育应当在教育理念、教育内容、教育方法以及教育环境等方面进行改革。

高校在培养人才的过程中，要回应当前社会经济新常态对人才培养提出的新要求，围绕21世纪知识社会人才应当具备的核心素养展开教育教学改革，因此，书院制学生管理模式应运而生。在社会发展对人才培养提出的新要求下，书院坚持专业教育与通识教育均衡发展、培养全面发展人才的教育理念。书院制通识教育的开展，让学生在学习专业知识和技能的同时，也能够获得文化素养，培养学生对于社会事物的普遍性感知能力。为了让学生具备良好的团队协作能力，与他

---

① 钟启泉. 基于核心素养的课程发展：挑战与课题 [J]. 全球教育展望，2016, 45（1）: 3-25.

人建立起良性关系，学会以恰当的方式处理、解决与他人的冲突。书院在实行学生混合住宿的同时，营造良好生活氛围，建立有利于培养学生社会交往能力的环境。在教育内容方面，书院朝着多元化的方向发展，不断充实教育内容，科学的主题、生活的主题、情感的主题等内容都包含其中。书院在教育方法方面，发挥生活化教育的优势，将教育内容融汇在生活中，让学生自然而然地获得某种素养。而在教育环境方面，书院营造多元化的教育环境，发挥环境育人的作用，让学生能面对各种情景，触发内心的体悟。

2. 学生主体发展提出了新的要求

在教育活动中坚持学生的主体地位，充分发挥学生的主观能动性，促进学生主体自由全面地发展，业已成为教育工作者的共识，教育界围绕如何培养学生的主体性、如何基于学生主体性进行教育教学创新等问题展开了不少研究。

书院的学生管理工作奉行的是一种引导性的"理顺"，而不是强制约束性的"管制"，在宽松的管理环境中学生的主体诉求也能得到自由的表达，管理者也能给予积极的回应。在学生管理中，学生不是单纯的被管理的客体，同时作为管理主体充分发挥主观能动作用。由于社会外界环境对学生影响越来越深刻，学生主体性发展也呈现出多元化特征，特别是信息技术的发展推动了学生学习从线性向非线性转变。而书院制能够更好地适应这种非线性学习的转变，由于学生除了上课时间，很大部分时间都在住宿社区，书院还可以利用零散时间开展一些教育活动。为适应学习空间的多样性，书院可以通过圆桌讨论、小组学习、线上信息共享等方式来实现。总之，书院制学生管理模式面对多变的外界影响，能够更加灵活地适应学生发展的需要，更好地促进学生主体的发展，通过增强学生的主体性，作用于学生的内心世界，让学生能够以自己的方式构建自身的知识体系和完整的自我。

第二节　书院制学生管理模式现状

一、我国实行书院制学生管理模式的情况

在我国，香港中文大学率先采用了书院制学生管理模式，这一创新的管理模式得到了广泛认可和效仿。包括复旦大学、西安交通大学、中山大学、暨南大学

等高校都在书院制管理上进行了探索和实践。这种管理模式的核心在于书院与专业院系之间的协作分工，旨在为学生创造一个全面发展的环境。通过书院和专业院系的共同努力，学生不仅能够在学术上得到专业的指导，还能在生活中得到关怀和引导，实现个人成长与学术发展。这种管理模式的目标是构建一个"学术—生活—成长"的共同体，为学生提供全方位的支持和引导。

我国的各高校根据自身实际情况的不同，采取的书院制学生管理模式也各具特色，因此在实际执行过程中，所取得的成果自然不尽相同。有的大学只在一年级实施书院制，也有的大学对本科阶段不同年级推行书院制。在实践层面，书院学生管理模式相较于传统学院制模式更为细致入微，其关注学生的个性化发展，注重培养学生的自主学习能力和创新能力。通过书院制模式，学校能够为学生提供更丰富的学术资源、更全面的导师辅导以及更良好的学术交流平台。此外，在改善宿舍设施及条件方面，书院制也有着显著的优势，宽敞明亮的宿舍、舒适的生活环境以及良好的配套设施，有助于学生保持身心健康，从而更好地投入学习中。同时，书院还组织各类课外活动，如社团活动、志愿服务等，让学生在课余时间充分展示自己的才华，提升综合素质。随着对书院制研究的不断深入，其人才培养效果逐渐显现。越来越多的社会人士开始关注并认可书院制学生管理模式。

二、部分高校书院制学生管理模式实施概况

（一）香港中文大学的书院制学生管理模式

香港中文大学是我国最早推行书院制的大学，在正式建校之前，香港中文大学是三所相互独立的书院，即崇基学院、新亚书院和联合书院，1963年这三所书院合并成立了香港中文大学，并保留了原有的书院建制。如今，香港中文大学已经拥有九所各具特色的书院，每所书院都拥有自己独特的文化内涵和精神传统，这些特色使得香港中文大学的精神风貌更加丰富多彩，为学生提供了丰富的文化体验和学习机会。全日制本科生可以在入学时选择加入其中一所书院。在书院中，学生不仅拥有日常生活、学术研究和休闲娱乐的场所，还可以在这里塑造人格，滋养心灵。在书院内，学生可以享受独立的宿舍、食堂以及其他休闲设施。此外，

书院还会定期举办各种形式的活动，旨在培养学生的团队协作精神，营造一种和谐融洽的集体氛围。

书院教育在我国教育体系中占有特殊地位，它致力于为学生提供全面的通识教育、舒适的宿舍条件以及必要的课外辅导服务。书院不仅是一个教育场所，更是学生的精神家园。学生既在学院接受专业教育，也在书院中感受通识教育的魅力。书院一般由一位资深教授担任院长，其承担着全面的规划和管理职责，确保书院拥有良好的教育教学质量，学生的综合素质在学院中能够得到全面提升。书院强调多元化和开放性，来自不同学院和年级的学生齐聚一堂，共同学习、交流和成长。这种多元化的学习环境有利于培养学生的团队协作能力和综合素质。书院活动是获取通识教育学分的重要途径，学生通过参与这些活动，能够拓宽知识面并丰富学习经验。此外，书院还注重学生的全面发展，提供丰富的课外活动，通过这些活动，学生可以挑战自我，发展多方面的才能。

（二）复旦大学的书院制学生管理模式

作为国内高等教育的杰出代表，复旦大学书院的核心精神在于"读书、修身"，这正是中国古代文人所追求的最高境界。在此基础上，书院秉持"转变、关爱"的理念，旨在促进学生的全面发展。这不仅要求学生学有所成，更希望他们在人格、品行等方面也能得到提升。为了实现这一目标，复旦大学采取了住宿区域划分的策略，确保了书院物理空间上的相对独立性。在书院，学生的住宿遵循学科交叉和大类融合的原则，以促进不同专业、不同背景的学生相互交流、共同成长。新生入学时会根据所在的专业学院被分配到相应的书院，进行基础课程和通识教育的学习。这样的安排有助于拓宽新生的知识面，提高他们的综合素质。到了大二，学生将转入专业学院，开始专业课程的学习。

复旦大学以提高学生的综合素质和自主管理能力为目标，实施了书院制学生管理模式。学校聘请资深教授担任各书院的院长，全面负责书院的管理工作。在书院内部还设立了书院管理委员会，协助院长进行日常管理。同时，学生可以自主组建自我管理委员会，承担和履行"三自"的教育管理职能，这充分体现了学生在书院管理中的主体地位。为确保书院管理工作的顺利进行，学校尊重院长的管理权和学生对书院管理及书院生活的自主权。这种尊重不仅有助于培养学生的自我管理能力，还有助于提升学生的社会责任感。在此背景下，各书院展现出充满活力、独具特色的学术社区特质。复旦大学的各个书院都拥有一支由书院特聘导师、专职导师、兼职导师、院系专职导师等组成的导师团队。这个团队在书院教育管理中起到了至关重要的作用。书院通过举办学术交流、经典导读等教育活动，增强师生间的交流沟通，实现全员育人的目标。这种教育管理模式充分发挥了导师制和学术理念的作用。书院制不仅提升了学生的学术素养，还锻炼了学生的团队协作能力和领导能力。同时，书院内部的学习氛围十分浓厚，学生们在这样的环境中能够得到全面的成长。

第三节 书院制学生管理模式的优化策略

书院制学生管理模式作为教育管理领域的新生事物，需要经历事物发展的各个阶段。基于书院制发展初级阶段的现状，本节主要探索书院制实践的优化路径，从书院制的制度建设、组织管理、资源配置、文化内涵四个方面提出优化对策。

一、加强书院制管理的制度建设

（一）坚持以学生为中心的制度建设理念

教育是有目的地培养人的社会活动。马克思主义教育思想认为，教育的本质在于促进人自由而全面地发展。以学生为中心的教育理念要求，教育管理工作的开展要以学生为中心，充分考虑学生发展的需要，促进学生的全面发展。书院制是为了培养学生的综合素质，促进学生全面发展的教育管理改革。书院的组织管理和正常运行需要良好的制度保障，高校要建立健全有关书院的规章制度，为书院教育活动的开展提供指导和规范。书院管理制度建设应当遵循以学生为中心的教育理念，从学生发展的角度思考和把握制度制定的方向。当前我国正处于社会经济发展转型期，提出了培养创新型、复合型的高素质人才的教育诉求，高校书院制度建设一方面要符合社会经济新常态下对人才培养的需求，另一方面要很好地回应学生个性发展和全面发展的价值追求。以学生为中心的教育理念，意味着在制度制定过程中要转变教育管理思想，从发挥学生主观能动性、人本管理思想的角度构思书院制度，提升书院制度对于促进书院良性发展的有效性。

（二）结合学校实际建立科学的管理制度

书院制在香港中文大学、澳门大学、西安交通大学等高校的实践比较成功，在学生培养等方面取得了积极成效，因此，国内其他高校也积极引进书院制学生管理模式。高校书院管理制度是指导书院管理工作开展的规范和标准，在书院管理制度制定的过程中，高校应当充分调查研究。就书院制管理而言，并不存在固定统一的模式，各高校应当在把握书院制内涵和实质的基础上，结合本校的实际情况，构建适合本校实际的书院制模式，并制定相应的规章制度。高校的书院管理制度的制定既要广泛借鉴其他高校先进的经验，又要充分结合本校实际，制度建设要有整体意识，着眼于书院管理制度的系统性，对书院的中长期发展进行科学规划。要注重制度制定的科学性，明确书院的职责分工，保证规章制度的逻辑性、条理性，以及在指导书院管理活动中的可操作性和有效性。

（三）创造良好的管理制度执行条件

书院管理制度的顺利执行，离不开良好的制度执行条件。首先，在制度的制定过程中，要系统思考和建立制度执行的保障体系，要将制度执行机制蕴含于制度内容中，制度内容的各个部分要保持逻辑贯通、相互协调，制度内容要有较强的指导性和可执行性。书院制在很多高校中属于新生事物，学界对书院制有不同角度的看法，在制度制定过程中高校要广泛听取不同视角的建议，这有利于提高制度制定的质量，同时也能使制度形成后更易于获得各方认同，优化制度执行的效果。其次，要加强书院管理制度的宣传，让学校各层面知晓管理制度的相关内容，营造良好的制度执行氛围。书院管理制度的文本内容是固定的，但是可以通过各种宣传形式让其"活"起来，运用多种渠道提升全校师生对制度内容的熟悉程度，减少制度执行过程中遇到的阻力。最后，应当理顺书院管理制度有关执行主体之间的关系，明确各主体间的职能划分，尽量消除各主体之间的摩擦，建立沟通协调机制，促进书院与学校各部门之间的互动与协作。制度最终需要通过相关教职人员的工作来落实，所以要提高书院管理制度执行人员的执行能力，对相关教职员工进行执行能力培训，要建立相应的奖励机制和监督机制，充分调动教职人员的工作积极性，以保证制度制定的目标得以实现。此外，还要在组织管理、物资准备等方面为制度执行创造良好的条件，推动书院管理制度的有效执行。

二、推进书院制管理的组织管理

（一）设计科学合理的书院组织结构

维持书院的正常运行，发挥其教育功能，要设计科学合理的组织结构。设计书院的组织结构，也就是搭建书院的组织框架体系，是为了实现书院教育管理目标而进行的人员、工作、信息等的制度性安排。正如人的组织器官构成整个人体一样，书院的组织结构安排构成其运作形态。设计科学合理的组织结构，应基于书院的教育管理目标和内容，对书院的管理人员进行横向和纵向的分工，确定合理的管理幅度和层次。从书院管理人员和一般教职人员的素质角度，他们都接受过良好的教育，在某些方面具有一定的经验和造诣，工作能力和综合素质都比较强；从工作内容和性质角度，书院的主要工作是指导学生的学习和生活，促进其全面发展，具有较强的知识性和主观能动性；从工作条件和工作环境角度，书院工作主要以学生生活社区为载体展开，工作条件比较好，工作环境也比较稳定。综合这些情况，书院应当设计较大的管理幅度，减少管理的层次，构建扁平化的组织结构。扁平化组织结构有利于书院信息的及时传递和沟通，从而更好地发现问题和解决问题，更重要的是它能创造一种较为宽松的工作氛围，充分调动书院管理人员和教职人员的工作积极性和创造性。

书院要在做好职务设计和分析的基础上，通过横向分工确定岗位和部门的设置，通过纵向分工理顺各部门之间的关系，确定各层级部门管理决策权限的分配。在书院组织机构设置上，香港中文大学的书院组织结构值得借鉴，它既合理地确定了管理幅度和管理层次，适应了扁平化组织结构的要求，同时在各层次的部门划分上具体而明晰。以和声书院为例，其组织结构分三个层次，分别是院监会、院务委员会、院务委员会附属工作委员会。院监会设主席一名，成员若干名，秘书一名，负责指导和监督书院工作；院务委员会设主席一名，由院长担任，院务委员多名，秘书一名，学生成员两名，负责书院整体工作安排和重要事务决策；院务委员会附属工作委员会包括十三个具体事务委员会，负责书院各项具体工作的开展。国内其他高校书院可以借鉴这一模式，结合本校实际情况，确定合理的管理幅度和管理层次，明确部门设置和职能划分，设计科学的组织结构。

（二）协调书院组织管理的内外部关系

书院组织管理工作的开展需要处理好内外部关系，以减少书院工作中遇到的困难，争取各方的支持。在处理书院的内部关系方面：一是要处理好书院组织各部门之间的关系，比如香港中文大学的书院管理，其明确了各附属工作委员会负责的具体工作，其他高校的书院各部门之间的职能划分也要清晰，以免产生部门之间的相互矛盾，同时，书院的工作又是一个整体，很多工作需要各个部门相互协调与合作，因此要促进各个部门的沟通与协作。二是要处理好与教职人员的关系，书院教职人员是书院工作的承担者，书院教育管理功能需要通过教职人员的工作才能实现，因此书院要在工作中主动关心和帮助教职员工，尊重教职人员的工作和付出，为其工作提供良好的条件支持，与教职人员保持良好的关系。书院还应当促进教师之间的关系，推动教师之间在工作中的交流与合作，书院的很多教师专业背景各不相同，研究领域也比较多元，教师间的交流合作有利于促进工作创新，以及增加学生指导的维度。书院应当营造和谐愉快的工作氛围，提升教师工作的幸福感，提升书院工作的吸引力。三是要处理好与学生之间的关系，书院学生的个性具有差异性，其教育管理工作较为复杂，所以书院应当充分了解学生群体的心理，通过各种手段对学生进行引导，主动关心学生的学习和生活，从学生的角度去思考问题，促进学生之间的交流。重视书院中各种正式组织和非正式组织在增进学生感情等方面的积极作用，积极引导各种非正式组织开展有益的学生活动，营造和谐融洽的学习和生活氛围。

书院在处理外部关系方面：首先，要处理好与学校其他部门之间的关系，书院作为学校的一个有机组成部分，应当与学校的各部门建立良好的联系，特别是要与相关学院、学生工作部门、教务部门建立协作机制，积极沟通工作中存在的问题，争取各部门的理解和支持，如香港中文大学每所书院中设立学院联络人，方便书院与学院之间的沟通。其次，要处理好书院与地方社区之间的关系，积极与地方社区建立良好的合作关系，书院教育活动离不开地方社区的支持，如开展学生社会实践活动，就需要地方社区提供平台。再次，书院要处理好与其他高校书院的关系，开展书院之间的交流合作，相互借鉴先进经验，实施书院间的学生交流项目，如香港中文大学新亚书院与湖南大学岳麓书院合作的暑期交流计划等，开展交流有利于促进书院间的优势互补，为学生搭建广阔的交流平台。最后，书院还要处理好与社会组织之间的关系，广泛联系企事业单位、社会公益组织，为书院的发展积累社会资源和公共关系，如澳门大学霍英东珍禧书院与澳门霍英东基金会之间良好的合作关系，为书院的发展带来了坚实的资金保障。

（三）促进学生自主参与书院组织管理

书院的教育管理活动以学生住宿社区为载体展开，其目标之一就是为学生创造良好的学习和生活环境，学生既是书院的管理对象，同时也应是书院管理的参与主体。不少高校的书院在学生参与组织管理方面已经取得了良好的成果，如西安交通大学书院就倡导"学生的自我教育和管理"，鼓励学生积极组织和参与书院各项管理活动，复旦大学则强调书院生活的"师生共建"，充分发挥学生的能力和智慧，将书院作为学生进行自我管理、自我教育、自我服务的空间和平台。

促进学生自主参与书院管理需要从以下方面着手：首先，在书院的组织机构中应当吸收学生作为成员，如香港中文大学的各所书院的院务委员会中，一般都有学生成员，在书院的重大事务决策和整体工作安排中都会采纳学生的意见，听取学生的想法和诉求。学生作为书院组织机构的成员，参与书院的组织管理，是从被管理的客体到管理主体的转变，也体现了书院组织管理的人本思想。

其次，书院要鼓励学生共同参与书院的日常管理工作。相比教师而言，学生对学生的了解更加准确和具体。由于学生之间的联系比较密切，学生最清楚同伴内心的想法和需要，让学生参与书院的日常管理，可以提高管理工作的有效性，从学生需要的角度出发开展工作，如澳门大学书院的"小老师"和"小助教"都由研究生或高年级本科生担任，作为学生的友伴与之生活在一起，可以给予学生贴身关怀和指导。为充分调动学生参与书院管理的热情和主观能动性，学院应设立自我管理、自我教育的学生组织，如一些书院的"院生会"或是"自管会"，鼓励学生自主管理相关事务，锻炼学生在组织协调、语言沟通和社会领导等方面的能力。在部分高校书院中，书院内部环境的布局和设计都是由学生自主负责，如学习室的设置、公共活动空间的装饰等，书院的图书室、健身室等公共设施也由学生来管理。此外，不少书院的院徽、院旗等标识以及书院品牌活动都源自学生之手，展现了学生在书院管理中的活力与创意。

最后，书院要支持学生开展各类书院活动，发挥学生在活动的组织和开展中的主观能动作用。学生活动是书院进行非形式化教育的重要途径和方式，其过程可以由书院引导，但是主导权应当交给学生，以充分激发学生的活力和智慧，增强学生自主管理的能力。如西安交通大学书院的咖啡厅主要由学生进行经营和管理，管理和运行都很规范，学生各方面的能力在自主管理过程中得到了充分锻炼。

（四）优化书院的党团组织和社团组织建设

党团组织开展思想教育活动，要把培养学生正确的人生观和价值观放在首位，引导学生坚守崇高的理想信念，培养学生的爱国情感和民族情感，帮助学生养成良好的道德品质，树立大学生的优秀形象。书院党建工作要注重对学生思想的引领，在书院营造一种积极向上的学习氛围。培养和发展学生党员是党建工作的重要组成部分，要端正学生党员的入党动机，深入开展党的基本理论学习，创新党课教学模式，将理论学习与实际案例结合起来，引入各领域鲜活的党员先进事迹案例，增强党课培训的感染力，创造条件让学生谈感悟谈体会，不仅要让学生记住党的理论知识，还要培养学生对党的感情，增强学生的党性修养。要发挥优秀学生党员在书院管理中的积极作用，引导学生党员参与书院的管理，为学生提供帮助和服务。书院团委要发挥好团结和带领广大青年学生的作用，在书院党总支的领导下，积极开展团建工作。在认真了解广大学生的思想动态的基础上，创新团委学生活动的开展方式，既要贴近学生的学习生活，又要注重活动的思想内涵。书院要将党建和团建联系起来，形成党团联动机制，以党建促进团建，建立健全党团组织的各项规章制度，注重培养党团干部的综合素质，提高党团建设质量和水平。

在国内外的很多书院中，丰富多彩的社团活动是最吸引人的，它是书院学生精神风貌的展现窗口，是书院最灵动的文化符号，同时也是书院非形式化教育的重要平台。因此，要重视书院学生社团建设，成立书院社团管理组织，做好系统化的社团管理工作。书院应当实行社团分类管理，可以将社团划分为学术专业类社团、社会实践类社团、文体艺术类社团、科技创新类社团等，引导各类社团形成自己的特色，提升社团的文化内涵，并提供帮助和支持，在社团管理过程中要坚持引导为主、服务为主的理念，让学生在活动策划、资源筹措、活动开展、活动总结的全过程中发挥创意和才智。同时，作为书院非形式化教育的重要平台，书院要鼓励学生参加各类社团活动，如澳门大学就要求书院学生在每学年参加一定次数的社团活动，并记录下活动感悟，在活动过程中培养学生的自主性、创造性以及社会适应性等。

三、完善书院制管理的资源配置

（一）加大对书院建设的资金投入力度

资金是书院运作和发展的基础保障，学校应当加大对书院建设的资金投入力度，保证书院的正常发展。书院制改革是一项系统性的教育管理改革，在很多方面都需要投入资金，如书院的学生住宿社区改造、基础设施配置、日常办公费用等方面都需要大量资金。为了保证书院有坚实的资金支持，应当从资金筹措、资金管理、资金使用评价等方面进行全面的安排。在书院资金筹措方面，学校对书院应当给予政策倾斜和照顾，制定科学合理的书院经费预算，保障书院运作的日常开支，学校要积极申请教育专项资金，争取财政支持。要扩大书院经费的投入主体，积极与企业单位、教育基金会、慈善团体等取得联系，争取获得更多的经费支持。要鼓励企业家、慈善人士、学校校友等与书院合作，资助书院建设、设立书院奖助学项目等，如香港中文大学的逸夫书院、长原彰弘校董入学奖学金项目。在书院的经费管理方面，要建立书院经费管理制度，提高书院财务管理人员的能力和素质，财务管理人员要认真遵守财务会计的政策和规定，掌握良好的资金管理能力。在书院的经费使用评价方面，要认真落实经费使用情况，加强书院经费使用的监督，确保经费专款专用，要全面评价经费的使用效果，提高经费的使用效益。

（二）完善书院的基础设施建设

为了充分发挥书院的教育和生活功能，应完善书院的基础设施建设，为学生创造良好的学习和生活空间。书院的基础设施建设要融入生活化教育的理念，将学生的学习和生活整体需要考虑到基础设施建设中，既要有利于学生开展各种教育活动，发挥书院的教育功能，又要有利于学生的日常生活，营造舒适的生活空间。书院的基础设施建设要从外部空间和内部空间两个方面进行综合考量。从外部空间来说，书院建筑可以借鉴中国传统书院的"四合院"式建筑形式，如岳麓书院的四合院正厅为讲堂，左侧厢房是教师和学生居住的"半学斋"，右侧厢房是用于教学的"教学斋"，中间拥有宽阔的天井式的庭院，便于学生活动和交往，这种四合院式的建筑形成了相对集中的学习生活空间。欧美大学的住宿学院也基本是相对闭合的建筑空间，往往是一栋整体的建筑或一个联系紧密的建筑群，拥有中央庭院，方便学生的集体学习和集体生活。与中国传统书院选择宁静的环境不同，欧美大学的住宿学院的一个重要特征是与城市社区联系在一起，这是因为早期住宿学院大多为社会人士捐赠的城市住所，这也方便了学生与外界社会的联系。书院在外部空间的选择上要把安静的学习环境与学生的社会交往联系起来，既要有安静舒适的书院环境，又要与学校及周围城市社区连接起来。

在书院内部空间的基础设施建设上，要从完善学习和生活两方面的功能着手，完善书院设施的学习功能，需要建设交流讨论室、图书阅览室、多功能学习室、音乐艺术室等方便学生学习的空间；完善书院设施的生活功能，需要建设餐厅、公共厨房、便利超市、洗衣房、健身房、文娱活动室等公共生活空间，还要注重改善学生宿舍条件，宿舍要具备良好的采光、隔音、绿化等物理条件，还应配备适当的家具、洗浴设备、空调及网络设备等，为学生创造舒适的住宿条件。

（三）优化书院导师队伍的建设

促进书院的内涵发展，发挥书院在指导学生学习和生活方面的作用，优化书院师资队伍建设是必然的选择。首先，要建立书院教师的选聘机制，对书院各类导师的聘用要有明确的规定和严格的标准，制定规范的选聘程序。对书院的常任导师，要选聘优秀的专职辅导员担任，常任导师主要负责管理书院日常学生事务，开展思想教育，指导学生生活等方面的工作，他们是与学生接触最紧密的书院导师。因此，常任导师要具有教育学、心理学、管理学等方面的专业知识储备，而且要有一定的学生管理工作经验。对书院的学业导师，要积极与各学院协调，选聘各专业教学热情高、专业素质好的优秀教师担任，其主要负责学生的学业指导。应当将讲师纳入学业导师队伍，因为不少讲师比较年轻，在精力上比较充沛，也善于与学生交流。对于书院的兼职导师，要选择品学兼优的研究生或高年级学生担任，发挥好其在指导学生具体生活、经验交流、活动组织开展等方面的作用。为了扩大学生的知识面，还应吸纳社会各界知名人士担任书院社会导师或客座导师，适应当前创新创业教育需要，还可以聘用企业导师等。此外，选聘时要注重书院行政管理人员、后勤服务人员的素质。其次，要建立书院教师的培训机制，对书院的各类导师、行政管理人员、后勤服务人员都要进行综合的培训，使之对书院制学生管理的理念、模式以及工作开展方法等有全面的认识和理解，还要进行学生教育管理工作相关知识的培训。对于各类导师可以实行分类培训，培训的内容和重点要有所区分。要保证培训的常态化，不仅要有岗前培训，还要有在职的发展性培训，以持续地提高书院教师创新发展的能力。最后，要建立书院的教师评价机制，要制定完整的教师工作评价体系，对教师工作进行全面的评价，在此基础上还要完善相应的奖励和惩罚措施，充分激发书院教师的工作积极性和创造性。评价机制还要与晋升机制联动起来，优选一批各方面优秀的教师担任书院的领导和管理工作，扩展教师职业生涯发展空间。

四、提升书院制管理的文化内涵

（一）系统推进书院制管理的人文环境建设

书院制管理文化内涵的塑造需要通过人文环境建设来实现。无论是中国的传统书院还是欧美大学的住宿学院，都注重人文教育以及人文环境的创设。书院人文环境是书院文化内涵的表现，它潜移默化地影响着书院每一位师生的学习生活。书院制管理的人文环境建设应当包括书院的物质文化环境、精神文化环境和制度文化环境三个层面。

书院的物质文化蕴藏于书院的外在物质形态中，作为书院精神文化赖以生存和发展的载体，它包括书院建筑、设施设备、文化景观、院区绿化等方面，通过有形的建筑和合理的空间布局来呈现。优美的书院环境给人以美的感受，蕴含着崇高的审美理想和博雅的审美情趣。良好的书院物质环境是师生学习和工作的基础条件，明亮典雅的教室能让教师全身心地投入教学，让学生专心地投入学习和思考，便利的图书阅览室、温馨的公共交流室便于学生进行学习和交流。书院在为师生提供良好的物质环境的同时，实质上也在传达一种人文关怀，创设良好的书院物质环境的目的在于让学生潜心学习，促进其全面发展。交流讨论室不仅是简单的交谈场所，还能让学生学会分享、学会通过不同的视角看问题，这不仅仅是简单的物质环境问题，还是物质环境上的精神文化提炼。因此，要努力完善书院的物质环境，为全院师生创造良好的物质条件，推进物质文化环境的建设。

书院的精神文化是指书院师生共享的价值观念、文化传统、道德规范、思想意识等方面的总和，表现在书院的精神、院风、文化特色等方面。书院积极向上的精神文化环境能够促进师生的人格成长，因而要注重培育良好的精神文化氛围。培育书院的精神文化包含很多方面。书院的命名就蕴含着书院的文化，在书院的院名选取上要有文化内涵，应与学校的文化传统相联系，如香港中文大学新亚书院院名取建立新亚洲之意，复旦大学任重书院院名是为了纪念中华人民共和国成立后首任校长陈望道先生（字任重），取任重而道远之意，澳门大学蔡继有书院则以蔡继有基金会命名。书院的院训是书院精神文化的集中体现，在制定院训时应当有自己的文化特色，避免简单雷同，如新亚书院的"诚明"、励志书院的"励精明志"等对全院师生有着深刻影响。为了营造浓厚的书院文化氛围，还可以举办各种学生文化活动，浓郁书院的书香气息。

营造良好的书院制度文化，要完善书院的各项规章制度，在制定书院的制度时要秉持"以学生为中心"的教育理念，坚持书院教育的文化精神。如书院的"学规""章程"等以文本的形式凝聚了书院的价值追求，规范着书院师生的学习生活，如新亚书院学规第四条规定：祛除小我功利计算，打破专为职业、谋资历而进学校之浅薄观念，启示学生要抛弃功利思想，扩展学习视野。在书院制度的执行过程中，还要注重人性化的方式。

（二）创造积极健康的书院生活文化

书院是学生学习和生活的社区，为促进学生的健康成长，需要营造积极健康的生活文化。可以从多个方面培育书院健康向上的生活文化。首先，要加强教育和引导，鉴于学生不良的生活习惯，书院常任导师要给予耐心引导，让其认识到以往生活习惯的缺点，要通过书院的各种平台宣传健康的生活方式，如使用书院微信公众号推送各类健康生活知识，表明各种不良生活习惯的危害，让学生对生活方式有正确认识，还可以通过书院的电子显示屏播放宣传片，引导学生树立积极向上的生活理想。其次，要积极开展各种书院活动，书院活动是学生书院生活的重要组成部分，要通过举办各种文化艺术活动，让高雅的艺术走进学生生活，增加学生的生活情趣，培养学生的兴趣爱好；通过举办社交娱乐活动，提高学生的人际交往能力，增进同学之间、朋友之间的友谊，如澳门大学书院的高桌晚宴，香港中文大学书院的双周会、午餐会等，都是增进学生相互了解和友谊的良好平台；通过开展各类体育活动增强学生身体素质，如西安交通大学的集体早操活动，锻炼学生体质的同时，还能增强学生的集体归属感。最后，要进行严格的生活管理，书院的生活文化不仅要靠教育和引导，同时也要有严格规章的约束，如针对宿舍卫生脏乱差的问题，要进行常态化的管理，严格要求学生整理宿舍卫生，逐渐让学生养成整理宿舍卫生的良好习惯。

（三）创造以人为本的书院管理文化

书院管理要坚持以人为本的管理理念，将促进学生的全面发展作为书院管理的目标追求，要重视管理的文化属性，强调人文化的管理方式。近年来，"治理（governance）"的概念相对于传统的管理概念在诸多领域受到广泛关注，它是指单位利益主体多元化以及所有权和管理权分离的情况下，协调单位各利益相关者的相互关系，降低代理成本，提高经营效益的一系列制度安排。要推动书院从传统的管理思想向现代治理思想转变，推动书院的治理体系和治理能力现代化。从治理模式的角度来看，由于书院教育的首要目的在于促进学生全面发展，书院管理工作的文化价值追求属性较强，管理的集权程度不应较高，纽曼的自由主义模式更适合于书院的管理。推进书院的治理体系和治理能力现代化建设，要循着"什么样的治理模式才能更好实现书院教育价值"的思路，综合性地提升书院的治理水平。一是要树立"以学生为中心"的人本管理思想，进行系统化的制度安排，建立健全书院的各项管理规章制度，制定书院的章程，要以书院的长远发展战略为导向，构建书院治理的基本框架，让人本管理成为书院管理文化的价值导向。二是要回应利益相关者的诉求，推行多元治理。书院的利益相关者包括学生、教师、书院管理者、学生家长以及未来用人单位、周边社区等，所以书院治理主体应当向多元化方向发展，要充分赋予书院教师、学生参与管理的职权，广泛吸纳学生家长、用人单位、周边社区等各方面参与治理的智慧，提高书院治理主体体系的完整性，让多元主体参与成为书院管理的文化特色。三是要合理确定书院治理的边界，书院的管理事务可以简单地分为教学事务和行政事务，教学事务应当主要由学业导师等参与教学的教师来处理，行政事务应主要由行政管理人员负责并为教学服务。要把教学事务的主导权交给教师，发挥教师在教学方面的决策智慧，教学与行政要有边界，以便独立而顺畅地开展工作，同时也要相互联系，行政要为教学服务，教学也可以促进行政，让自由完整的教学和服务化的行政成为书院管理文化特色。四是提升书院治理的能力，要通过专题培训、交流学习等方式提高书院治理主体的治理能力，使他们既有理论知识，还有实践经验，并学会用相关理论指导管理工作；要开发各种管理工具和管理系统，提高书院管理的科学性，使卓越的管理能力成为书院管理文化的重要组成。

（四）创造开放包容的书院学术文化

学术文化是书院文化内涵的核心组成部分，体现着书院文化内涵的深度与广度。创造书院开放包容的学术文化，要坚持传承与创新相结合、科学精神与人文精神相结合，还要深刻体现时代特征和紧密结合学校特色。在书院的文化传承与创新上，要很好地继承中国传统书院的精神文化，充分汲取传统书院制度的文化内涵，提取其组织管理制度、教学制度、藏书与刻书制度等的现实意义，借鉴其注重自学、读书指导、交流砥砺等教学传统，回归和谐融洽的师生关系等。特别要注重把握传统书院的精神，传承其潜心著述、学术论辩、思想创新、兼容并蓄的学术精神。同时也要认真学习和借鉴欧美大学古典住宿学院的优秀传统，形成学生学习共同体的交互学习形式。适应现代教育发展需要进行创新，面对当前学生体现出来的非线性学习方式，书院在教学安排、学术活动、管理方式等方面都需要变革和创新，逐步培育书院的新型学术文化。

书院开放包容的学术文化要将科学精神与人文精神相结合，这是培养学生整体性的学术视野的需要，当前书院实行文理兼容的不同专业学生混合住宿，也正是出于这样的考虑。除此以外，书院还应当在通识课程设计上将两者结合起来，如北京理工大学开设的"数学与艺术"将自然科学与人文社科结合起来，西北政法大学开设的"法律与文学"等课程将专业教育与通识教育相结合。还应当积极开展各种文理交融的学术活动，如跨专业的学术交流，书院学术讲座也应该包含不同的学科板块，如青岛大学浮山讲堂在以人文知识为主的同时，还积极邀请各专业的学者、教授主讲自然科学知识，很多讲座在内容安排上积极将两者结合起来，让人文学科的学生拥有科学思维，让自然科学的学生也有人文情怀，这样有利于培养学生开放包容的学术思维。

书院开放包容的学术文化还要很好地体现时代特征和学校特色。在国际社会方面，经济全球化深入发展、世界各国的联系更加紧密，成为最重要的时代特征，因此要培养学生广阔的国际视野，促进学生参与国际交流。要加强国际理解教育，培养其与世界各国文明对话的意识和能力，促进世界和平。更重要的还在于扩展学生的知识视野，培养学生吸收国际优秀文化、放眼国际发展的开放包容的学术精神。在国内社会方面，社会经济新常态下出现了很多新事物、新问题，需要坚持新的发展理念，特别是要强调创新的发展理念，这是新时代的一个重要特征。新常态下的发展需要应当成为书院的学术文化的指向，书院要基于新常态的现实，鼓励学生从创新的角度去发现问题、解决问题，支持学生参加各种社会实践活动，让学生更好感知社会发展的脉搏，使之在学习和研究中能够更好地把握时代发展的需要。书院学术文化还要很好地体现学校特色和书院特色，与学校的文化特色和资源优势联系在一起，如香港中文大学书院体现着学校中西文化交融的特色，新亚书院以弘扬中华传统文化为特色，崇基学院则很好地传承了西方基督文化，西安交通大学的励志书院体现出国防生攻坚克难、严于律己、英勇善战的传统，注重培养书院精严谨慎的学术文化。因此，书院学术文化要很好地体现学校的文化特色，利用好学校的优质教育资源，培养形成独具特色的书院学术文化。

第四章 基于不同视角的高校书院制建设

本章为基于不同视角的高校书院制建设,依次介绍了场域理论视角下的高校书院制、交往理论视角下的高校书院制、体验学习视角下的高校书院制、协同共生视角下的高校书院制四个方面的内容。

第一节 场域理论视角下的高校书院制

以学生宿舍为管理空间和平台,以学生公寓为生活社区,通过跨学科学生混合居住、公共空间和公共活动的设计、有组织的教育元素的植入等实践通识教育理念,转变现有的管理模式,更好地服务于学生成长。

一、场域理论概述

(一)场域理论的缘起

皮埃尔·布尔迪厄(Pierre Bourdieu,1930—2002,也译作"布迪厄"),是法国当代杰出的哲学家、思想家、社会学家,提出了极具影响力的"场域理论"(Field Theory),同英国的 A.吉登斯、德国的 J.哈贝马斯一起被称作当代欧洲社会学界的代表人物。

"场"最初是物理学中的一个重要概念,随后心理学家库尔特·勒温将这一概念应用到了社会学的研究中,在社会学的研究领域中,"场"被视为一种心理与行为的生成空间。布尔迪厄认为"场"是社会学研究中的基本单位,还将物理学中"磁场"的概念应用到实际的社会学研究中,对现代社会高度分化的特点进行分析,将冲突论作为假设,提出了"场域"这一概念。"场域理论"最早出现在布尔迪厄的《论知识分子及其创造性规则》一书中,揭示了现象深处的本质内容，打破了不同学科之间存在已久的壁垒，并日益凸显出重要性。尤其是20世纪80年代后，"场域理论"逐渐成为社会学领域中较具影响力的理论。

布尔迪厄之所以能提出并深入分析"场域"概念，是由于他早期对于人类学有着一定的研究。基于对人类社会的了解和分析，他认为社会是一个大场域，随着不断发展会高度分化并产生一个个"社会小世界"，这种"社会小世界"就是社会大场域的子场域，因此人们不仅受到社会大场域的整体影响，还会受到子场域的影响。布尔迪厄认为场域不是单纯的物理环境，还包括人在场域空间范围内的行为及与此相关的一切因素，场域由其中的社会成员共同创建，并影响其范围内的所有人。布尔迪厄认为："一个场域不是死的结构，不是空的场所，而是游戏空间，那些相信并追求其所能提供奖励的个体参加了这种游戏，所以，完整的场域理论要求社会个体的参与。"[①]

在20世纪80年代后期，布尔迪厄场域理论愈发盛行，在引入国内后为国内学术界的理论创新提供了新视角。

布尔迪厄指出主观主义和客观主义的对立是社会科学被人为分裂对立的根源所在，这种对立致使多数社会学家在二元之间只能选其一，为了化解上述二元对立的局面，他提出了场域、惯习、资本和实践的概念，并且用场域和惯习来解释实践。从二元的角度来看，场域存在着一定的自主化趋势，但是这种自主化趋势会受到许多外来因素的干扰；场域中的资本既是场域中各成员竞争的目的，同时也是一种竞争手段。布尔迪厄在场域理论的研究中积极地探索和实践，为的是超越主客观二元对立，探究自己社会学宗旨的可行性。

（二）场域的定义与特征

场域是布尔迪厄社会学理论中的一个核心概念。布尔迪厄认为："从分析的角度看，一个场域可以被定义为在各种位置之间存在的客观关系的一个网络，或一个架构，正是在这些位置的存在和它们强加于占据特定位置的行动者或机构之上的决定性因素之中，这些位置得到了客观的界定，其根据是这些位置在不同类型的权力或资本（占有这些权力就意味着把持了在这一场域中利害攸关的专门利润的得益权）的分配结构中实际的和潜在的处境，以及它们与其他位置之间的客观

---

① 武书敬. 虚拟英语学习社区互动研究[M]. 徐州：中国矿业大学出版社，2016：9.

关系（支配关系、屈从关系、结构上的同源关系）。"[①] 布尔迪厄指出，整个社会是一个"大场域"，在这之中会存在分化的各种社会小世界，即"子场域"，包括经济场、政治场、法律场、教育场等。场域并非有着明确界线的领地或空间，而是在关系基础之上形成的相对独立的社会空间，这是场域具有多样性的前提，亦是不同场域得以区分的依据。

场域具有相对自主性。子场域是社会整体场域高度分化的产物，其分化过程是为自身获得自主性的历程，在减少各种政治、经济等因素控制的过程中，不断形成自身场域的运行规则从而获得独立性，即成为控制场域中所有行动者和实践活动的逻辑。布尔迪厄认为场域没有绝对自主性的原因如下：一是场域分化不完全，总会留有其他场域的影响；二是场域会产生逆分化，场域内部会发生分裂，分裂过程中部分地融入其他场域中并发挥作用。场域与场域之间并非相互独立，是具有所属关系的。自主化的场域会拥有一定的自身逻辑和必然性，因此场域内部的规则会对社会成员产生一定的影响，并随之影响到其他场域，因此场域自主性的表现就具有相对性。

场域具有斗争性和变动性。场域是不断动态变化的关系网络，随着场域中成员的竞争和各种行为，场域也会产生一定的变化，是不同位置的行动者依据自身所拥有的资本势力进行博弈与较量的社会空间。在场域规则之中，行动者可以依据自身资本选择竞争策略，不同行动者会作出不同选择，这不仅能够体现场域的特定运行逻辑，还可以彰显行动者的个人意愿。行动者的每次选择都会影响其在场域中所占的位置。这种选择与竞争性清晰表明了场域不是一成不变的静态社会空间，内部的博弈使行动者的资本和所处位置不断变化，从而影响着该场域的内部构成和界限划分。

（三）惯习、资本与场域

布尔迪厄在实践自己的社会学宗旨的过程中，提出了关于惯习、资本和场域三个概念工具的定义，即实践是惯习、资本和场域相互作用的产物。场域是由独立于个人意识和意志之外存在的客观关系组成的关系网络，关系网络中的成员都有着自己的主观意识和精神属性，因此造就了每个场域不同的"性情倾向系统"，

[①] 皮埃尔·布迪厄，华康德. 实践与反思 反思：社会学导引 [M]. 李猛，李康，译. 北京：中央编译出版社，1998：133.

即惯习。其包含行动者自身拥有的知识和对世界的认知，并会在潜意识中发挥作用，是行动者进行实践活动的结构与个体化表现之间的联结。场域是行动者争夺有价值的支配性资源的实践场所，惯习是个体在实践中形成的，并反作用于实践，惯习和场域在实践活动中相互统一并相互影响。

场域内持续存在着各种不同力量关系的对抗和竞争，而场域内的资本逻辑决定了竞争的逻辑。资本的表现形式一般有四种，即经济资本、文化资本、社会资本、象征资本。它们不仅是行动者争夺的目标，还是在场域中用以竞争的有效方式。行动者的策略取决于他们（符号资本）所占有的位置和资本，不同资本占有者的行动策略也有所不同。此外，资本在场域中不是平均分配的，是历史积累的结果，资本的不平均导致了场域中的竞争存在不平等性。惯习、资本和场域都影响着社会实践，场域是实践的场所，资本是场域内竞争的目标和手段，惯习是实践的规则。在实践活动中，又会逐渐形成新的逻辑规则并反作用于惯习，改变资本占有情况，逐步塑造并改变场域内部结构，它们周而复始，相互影响。布尔迪厄的场域理论为研究场域文化提供了新的思路。

场域本质上是一种关系网络，它不同于系统。系统有着贴合自身特点的自主运行方式，是一种"先定和谐"的自在性存在。而场域以冲突论为基本假设，强调各方资本的利益争夺，因此其运行方式以冲突和竞争为基础，场域中的行动者一直处于博弈状态，努力使自身适应或占据有利位置。在既定条件下，场域会达到瞬时的和谐状态，这种状态不是其内部结构自身发展的结果，而是行动者在竞争中达到的一种动态的平和形势。高校的寝室是一个具有典型意义的场域，高校的寝室场域内部结构并非一直处于稳定、平衡状态。寝室场域中的主体是人，在人与人、人与环境之间的竞争与冲突之中，其内部结构资本占有的变化会使其有着不同的承载功能。寝室场域中的个体、群体、环境相互影响，因不同角色、位置间的客观关系构成了社会网络，它们间的竞争与冲突致使场域内部结构不断发生变化。通过场域理论分析寝室形态的变化与发展并研究书院场域文化的形成，对重构现代书院场域文化有一定的借鉴意义。

二、场域理论下现代书院制的探索

国外高校住宿学院制使宿舍教育功能得到了较大化发展，其通过科学合理地分配宿舍成员来加强宿舍对学生的教育功能，以师生之间的非正式互动为依托，提升学生能力；将学生的生活空间转变为文化空间、教育空间，将住宿经历升华为学习经历，生活与学习融为一处，这促进了学生全面发展。我国寝室场域经过长期的发展有着较为完善的条件，从而成为实践西方住宿学院制的优选空间。在时间方面，寝室是除专业学院之外学生活动时间较长的区域，满足实践的时间需要；在空间方面，寝室的服务设施一应俱全，为师生的实践活动提供了充分的公共场所；在关系方面，寝室场域的主体是人，存在着个体间、群体间各种复杂关系，师生的高聚集度促进了实践活动的积极开展。

复旦大学是探索现代书院制的先行者。其创办复旦学院等各类书院，实行导师制，进行了新型书院制的初步尝试。书院的寝室场域，在寝室安排上，不以专业划分寝室，提倡专业混合住宿，注重学科专业交叉与交流。在活动组织中，在寝室公共空间组织丰富的学术交流、讲座论坛等非正式课程。在实践活动中，师生、朋辈间的非正式互动使得彼此关系拉近，加强凝聚力。复旦大学在学习西方住宿学院制的同时，吸收传统书院教育的精髓以及本校文化底蕴，书院布置处处充溢着文化气息，让师生被文化氛围环绕。汕头大学本科四年制住宿书院——至诚书院试行了不同专业、不同年级学生合理分配的"混住制度"，并结合了欧美大学的先进经验，在此基础上还陆续创建了弘毅书院、思源书院和知行书院。首先，书院可以向学生提供优质的住宿和学习环境，通过打造书院的物质环境来影响学生的日常生活和课外活动，从而达到育人的目标；其次，书院对于弘扬传统文化有着一定的促进作用，通过培养学生对书院文化精神的认同感，建设和谐温暖的人文社区，起到人文教育的作用。书院的建设可以丰富学生的课外活动内容，通过各式各样的拓展课程使学生的心理和身体健康发展，加强学生的人际交往和团队协作能力，还能促进师生之间的互动和交流。书院导师在书院模式中主要起到引导的作用，因此，学生可以在书院环境下学习如何自我管理，提高自主思考和自主学习的能力。除此之外，清华大学、西安交通大学、苏州大学等数所高校也进行了书院制改革，河南更是在全省高校中推行书院制育人模式改革，以此推动高校综合改革，提高人才培养质量。近年来，现代大学书院制成为新趋势，书院场域正逐步替代寝室场域。

三、书院场域文化的现代重构

精神文化是书院场域文化的核心和精髓,它渗透在书院场域的一切活动之中,起着理念导向作用,对书院场域的物质文化和制度文化有着主导作用;制度文化是书院场域的内在机制,是为实现书院文化育人目标而制定的一系列保障体系和措施;行为文化是一个动态系统,包括书院场域内所有成员的行为准则、交往方式、举止规范等外显行为,也包括成员内部思想认知、心理意识等内隐行为;物质文化是书院场域的有效载体,是一个具有基本要素且相对稳定的系统。这四种文化维度相互影响与作用,形成书院场域文化的基本内容体系。尹建锋教授等对书院人文教育的多文化符号系统进行了整理,分析了由物质文化、制度文化、行为文化与精神文化构成的书院文化生态系统,比如书院的教学内容、教育制度、礼节仪式、自然环境和建筑风格等,从中提炼了与现代学校教育共有的人文教育精神。对书院场域文化的现代重构,有助于改善现代书院错构、异构的现象,打造文化空间、教育空间,实现从寝室场域向书院场域的质的飞跃,充分发挥书院的文化育人功能。

(一)精神文化的现代重构

眭依凡教授提出大学文化是"形成一个以精神文化为核心、制度文化居中、环境文化处外的,彼此互相依存、互相补充、互相强化,共同对学校教育发生影响的文化同心圆"[1],这体现了精神文化的重要性。现代大学书院场域以培养全人为宗旨,投入各种资源资本进行文化建设,以期形成学校全程全方位进行全人教育的格局,其中精神文化是其核心。传统文化基因和通识教育理念能够为现代书院场域文化的重构注入新的活力。

我国古代传统书院将教育空间和生活空间相互融合。我们要吸收传统书院文化精神而非注重空间形式,使传统书院文化在现代大学书院中处于表层断裂而深层延续的状态,重视传统的道德人文关怀、慎独乐群、自由探究精神在现代书院场域的彰显。关于书院场域精神文化的重构,有学者认为,现代书院人文教育的文化空间的产生有三个路径:求同存异、异而化之与生生不息。书院精华文化的重构应做好对文化符号的传承与吸收、多元融合、裂变组合、独特创新,并且要

---

[1] 眭依凡.关于大学文化建设的理性思考[J].清华大学教育研究,2004(1):11-17.

满足基于人性的生命需要。加深学生和教师对书院精神文化的认同感和归属感，并鼓励学生和教师充分开发书院精神文化，发挥自身的主体作用，弘扬、传承和保护书院精神文化并不断创新。

现代大学书院不是流水线产品，不是对全部传统书院文化的完全吸收和对西方住宿学院制的生搬硬套，书院没有某一特定的模式，其有着独特的书院文化精神与特色。书院场域文化是高校场域文化的子文化，而高校场域文化会受社会这个大场域文化的影响，因此书院场域文化的重构应尊重高校及所在地的场域力量，包括该区域所特有的社会、经济、文化等各个方面。书院场域精神文化在某种程度上也是学校历史文化的缩影，蕴含着一所高校浓厚的历史文化底蕴，承载着高校的历史，实现了人文教育的功能，体现了所在区域的文化传统。

（二）制度文化的现代重构

制度文化是社会生活长期实践的产物，人们根据需要创造不同的规范体系，以此来规范社会活动中的行为，作为人们生产生活的行为准则。大学的书院制度文化是在一定的历史积累上，通过师生的不断实践所创造的，既来源于师生的行为活动和思想意识，又影响和规范着师生的行为，起到一定的约束和激励作用。书院制度文化要以人为核心，尊重师生的主体意识，以民主高效为原则，关注师生的个人健康发展，进一步满足师生在学习和生活、工作中的需要。书院制度文化的建设是书院建设工作的重点，受到各方的重视。制度文化的建立健全可以促进书院文化重构工作的开展，增强书院文化重构的可操作性和针对性。因此，要加强书院的制度文化建设，达到科学、合理、全面的目标。

书院场域制度文化有两种，一种是正式制度文化，另一种是非正式制度文化。正式制度文化主要包括法律法规、政策、规章、通知和细则等，它是师生根据自身的意愿和需求创造并确定的，有着一定的时代特点，并由国家或学校监督实施，是有形的、成文的、强制性的制度，帮助场域内成员形成一种行为习惯。书院管理制度能够保障书院日常运行，维护生活、学习、人际交往秩序，是师生必须遵守的行为准则。管理制度的制定要坚持民主化和科学化原则，要了解学生生活，深入学生工作一线，倾听学生的困难与诉求。制定的制度也并非一成不变，面对书院场域文化发展的新形势、新变化，制度要与时俱进才能行之有效，要与书院发展相契合。制度是书院育人的保障，制度文化也会对师生的思想意识产生一定的影响，因此要在制度中融入独特的文化精神和办学理念，体现学校独特文化底蕴，增强师生的文化认同感，赋予制度以灵魂，将精神文化和行为规范有机结合起来。

非正式制度文化是书院运行中产生的无意识的行为规则，这类规则并不依靠学校的监督强制实施，而是靠师生的自觉遵守。非正式制度文化多是不成文的约束，如价值信念、道德认知、伦理观念和意识形态等，一般是在长期的师生交往活动中由师生自发约定产生的，影响范围较为广泛，时间跨度较大。制度不仅应科学制定，还应被遵循，书院要加大制度宣传力度，丰富宣传手段，让大家对书院制度有着深刻理解，引导学生主动营造和谐的制度育人氛围，积极参与到书院场域制度文化建设中，推动强制性要求向全员的自觉育人意识转变。书院要使正式制度文化和非正式制度文化相辅相成，互为条件、相互补充，消除书院场域内的不文明行为，让学生处在良好文化环境之中，以道德准则规范影响学生，以引导、濡化、塑造等育人方式规范学生，以制度文化的创新来推动书院文化的现代重构，充分发挥现代书院文化教育功能。

（三）行为文化的现代重构

行为文化是一种创造性活动，反映了人们当前的思想意识和思维状态，遍布人们生活工作的方方面面，是通过具体行为展现出的有形的文化，能够促进人类社会的发展。通过书院场域行为文化中师生的思维方式和行为习惯，可以了解到师生当下的意识，以及意识形成背后的人文精神、价值诉求、人格魅力等。因此，行为文化是书院精神文化的具体表现，也是学校精神、办学理念、精神面貌的动态体现，是校园文化建设的缩影。书院场域行为文化是师生共同形成的一种创造性活动，促进了校园文化的发展和师生文化水平的提升。书院场域行为文化的现代重构要以改善和提升师生的行为习惯、文明素养为切入口，通过理念影响学生的意识，改变学生的行为习惯，并深入影响学生的思想境界，增强学生对书院和学校的文化认同感和归属感，增强师生集体的凝聚力。

学生作为书院的管理对象，同时也应作为书院管理的参与主体，书院场域行为文化的现代重构，首先，要加强学生组织建设，改变其协助书院管理机构的辅助地位，建立民主化、自主化的管理体系，搭建组织行为文化平台。从党组织、团组织、学生自我管理组织三个层面入手抓牢组织建设工作，明确各个组织的角色定位，发挥组织机构的积极影响，全面系统地进行学生管理。党组织要充分发挥党员的带头作用，提高党员的修养和个人思想觉悟；团组织要积极组织、引导、服务学生，听取学生的意见和需求，维护学生的权益；学生自我管理组织要发挥自我管理作用，引领学生的行为文化，增强自我服务意识。要不断培育书院文化场域的主人翁意识和主体存在感，积极参与行为文化建构的实践活动，从而增强书院场域文化的感召力和凝聚力。其次，导师管理队伍的行为文化也十分重要，要加强对导师育人意识、责任意识、人本意识的培养，使他们关注国际问题，切实满足学生的实际需求，使教育者、管理者乐于助人，积极主动融入学生生活，参与学生社团活动，了解学生诉求，用行为方式影响学生。要加强思想教育，加强学生理想信念、身体和谐、全面发展的教育。因此，导师和管理者需要坚持正确的政治思想，牢固树立正确的世界观、人生观和价值观，坚定自己的信念，提升业务工作能力，及时给学生提供精准的指导和优质的服务。

（四）物质文化的现代重构

现代大学书院场域应然状态是集生活、学习、教化等功能为一体的多维文化育人空间。相对于中国古代传统书院模式以及西方大学住宿学院制，其做到了生活空间和教育空间的完美融合，学生在书院（住宿学院）中将学习和生活结合，并互相影响，现代大学书院只是学习了前者的空间形式，师生对书院的定位依然是有着住宿生活功能的物理空间。从住宿空间向融生活与育人功能为一体空间的转变，以满足基本需要的物质文化为必要前提。书院的住宿区域的各种软硬件设备都应满足师生生活需要，以师生的需求为核心，坚持以人为本，加强物质环境建设，包括寝室楼的建设、床铺的配备、水电等，保障住宿区域公共设施建设，包括公共服务、体育设施、晾衣场地等。高校应贯彻以人为本的原则，不断加大人力、物力、财力的投入力度，最大限度地满足学生不断增长的物质需要。书院从单一生活区域向学习型住宿区域的转变过程中，还需满足拥有公共育人场所、师生的聚集地以及充足的共同时间等条件，为师生进行正式、非正式互动，实施育人功能提供可行之道。

书院景观文化建设十分重要。它有助于提升学生的人格素养，陶冶学生的道德情操，实现人与自然的和谐。如人们常说的"北大人""清华人"等，就是长期受到学校特殊的文化熏陶，从而潜移默化地改变自身的思维方式和行为方式，在百年名校学习、工作、生活过的师生无论是思想意识还是行为习惯上都会带有学校独特的文化烙印。书院整体布局、景点安排、雕塑摆放、宿舍楼栋、道路和艺术化设计等无不体现着独特的文化内涵，传递着独特的文化品位。书院环境本身亦是无言教化者，具有文化性、教育性的特质，对浸润其中的师生发挥着潜移默化的作用。书院场域物质文化折射着学校的历史文化底蕴与地域的渊源，彰显着地域特色，营造着人与人、人与自然的和谐关系。高校应通过显性与隐性文化的结合来濡化师生，创造性地传承和创新书院的文化育人空间，而非单一的生活空间，创建服务型、学习型现代书院，为大学生创建一个舒心、安全并具有浓厚文化气息、体现学校办学理念的文化育人空间。

第二节 交往理论视角下的高校书院制

现代高校书院制度是在我国传统书院制度的基础上，融合了西方大学的住宿学院制特点建立的，是一种创新性学生教育管理模式。现代高校书院制建设是对传统教育模式的改革和创新，通过书院，学校将学生的教育和生活充分融合。师生关系是现代高校书院制建设教育结构中的基本人际关系，关系着教育效果和教育过程的开展，是师生在各项活动中通过相互交往形成的深刻影响教育教学质量的一种特殊形态的社会关系。从交往理论出发研究现代大学书院的建设对于深刻理解导师制对书院建设的重要性具有特殊意义。

一、交往理论概述

交往是人类所特有的存在方式和活动方式，贯穿于人们日常生活的方方面面。在英语词典中，"teacher"（教师）是"teach（教育）"的执行者，被定义为从事教学的职业人员。而"teach"一词，源于德文，由古英语的"taican"一词演变而来，原义是展示、表现、向人演示，今义是"让某人学习或者获得某种知识与技能，教学或者培训"[1]。在我国的《辞海》中，"教师"被解释为"向学生传授知识、执行教学任务的人"。在《中华人民共和国教师法》中，"教师"被界定为履行教育职责的专业人员，承担着教书育人、培养社会主义事业建设者和接班人与提高民族素质的使命。

从教师的角色认识出发，在学校教育活动中，教师和学生构成师生关系。师生关系的本质是交往关系。我国学者叶澜教授认为，"人类的教育活动起源于交往，在一定意义上，教育是人类一种特殊的交往活动"[2]。卡尔·雅斯贝尔斯则说："大学是一个由学者与学生组成的，致力于寻求真理之事业的共同体。"[3]"教师和学生之间的智力互动构成了大学共同体的本质特征，知识的增长、理论的检验、创造力的启迪不仅依赖学者（主要是教师）的洞察力，更多的则取决于学者之间、师生之间的质疑、讨论和争辩。"[4]

师生交往是一个有目的的活动过程，是师生之间为了协调、沟通、达成共识，联合力量去达成某一个目的而进行的相互作用，贯穿教育过程的始终，决定着教育的质量。我国高等教育已然进入大众化阶段，正努力从高等教育大国向高等教育强国迈进，高等教育由外延式发展向内涵式发展转变，其质量问题备受关注。师生关系作为教育活动中最基本的关系，直接影响着教育成效。处理好师生关系，是提高教育质量的基本前提。

二、从古至今师生关系的转变

（一）古代师徒制关系下的师生共同体

中国古代的师生关系集中体现为尊师与爱生并重、师严道尊和平等关爱二者兼顾的师徒制关系。古代的师生共同体是基于对学问的共同追求而形成的。在教学活动中，师生不是孤立的个体发展关系，而是相互参与、作用的发展关系，双方处于共同主导的地位。

---

[1] 蒋衡.西方二十世纪七十年代以来关于教师角色的研究[J].高等师范教育研究，2002（6）：72-77，57.
[2] 叶澜，丁证霖.新编教育学教程[M].上海：华东师范大学出版社，1991：32.
[3] 卡尔·雅斯贝尔斯.大学之理念[M].邱立波，译.上海：上海人民出版社，2007：19.
[4] 潘金林.现代大学共同体的衰落与重建[J].复旦教育论坛，2010，8（6）：45-50.

中国古代书院实施的教学组织形式主要是讲会，讲会强调师生在追求高深学问时，处于一个民主平等的地位，注重师生的争论启发和相互切磋，这一过程也是教学相长的过程，在不同学派、学派内的讲学中，师生在学问上都得到了提高。在教学方法上以学生自学为主，学术大家向生徒讲学时，多以引导为主，每个学生根据自身经历对知识的体会有所不同，师生之间、生生之间会进行质疑问难，抛出问题，让学生深入思考，自行体会，再次辩论，这种师生共同参与的问难论辩式的教学方法，促进了学生在学向上的独立精神。

此外，古代书院的教学内容、教学时间不固定，有很大的弹性，教师会尊重学生的学习能力，根据学生的领悟程度有所调节，这种灵活开放的模式是形成师生共同体的前提条件。

（二）现代学校体制下的主客体关系

教学组织形式的变化是影响师生关系的重要因素。班级授课制这一教学组织形式最早运用于清末时期的京师同文馆，之后为了满足大众受教育的需求、扩大教育规模、提高国民素质等，延续至今，带来很多成效。

（三）市场化冲击下的多元化关系

进入现代社会，师生关系更多地受到市场化的冲击。在市场经济的冲击下，民众对教育的需求呈扩大化趋势。

从高等教育类市场化来看，大学与社会需求相接轨，强调加强产学研合作，给教育活动带来了功利化倾向，这导致多维度的师生关系的形成。

三、交往视角下的高校书院导师制

导师制起始于19世纪，在牛津大学随着学院制的逐步发展而得到改进，并在巴力奥学院（Balliol College）逐步完善。随后，导师制在牛津大学各学院普及开来，剑桥大学紧随其后。导师制被视为"牛桥"（Oxbridge，即牛津和剑桥的统称）优质本科教育的"气门"所在，集中体现了英国高校"通识教育"的核心精神。牛津的导师制被奉为"教学的瑰宝""镶嵌在牛津皇冠上的那颗耀眼的宝石"，是牛津大学及其所属各学院的特有标志。

现代高校书院制建设大多实行导师制，导师制的本质是促进师生之间的一对一交流，加深导师对学生的了解，也提高学生对导师的信任度，从而形成良好的师生关系。在师生之间的交往中，导师可以通过言传身教，影响、引导学生，传递正向的精神。现代高校书院制建设以学生的全面发展为核心，以宿舍环境为载体，通过通识教育活动来使书院内的师生交往更加密切，加强学科交融，形成一种良性循环机制。

正如南方科技大学原校长朱清时所言："南科大实行的书院制，让老师和学生住在一起，学生和老师可以随便聊天，不光聊科学问题，人生的问题也可以。还要经常给学生提供机会，和世界级大师面对面接触。书院是全天候的教学基地，也是睡觉的地方，这颠覆了学生宿舍的概念。"[①]

我国古代书院教育有别于官学教育，不以参加科举获得功名为目的，书院课程的设置不涉及科举考试内容，书院更强调学生学术的掌握和优良品德的养成，坚持将品行放在重要位置。当下高校的人才培养目标是培养全面发展的人，要求不以成绩优劣判断学生优异与否，要注重学生品行。师生均弱化功利性的目的，明确自己的学术追求，这样，师生才会志同道合，关系和谐。

导师要发挥言传身教的导向功能、适时引导的导学功能、情感交流的导心功能，将"导"落到实处。书院导师和辅导员、班主任、学院专业教师的角色不同，要避免在知识内容、管理权责上的交叉、重叠。辅导员的职责在于端正学生思想、维护心理健康、指导毕业生就业等方面；班主任负责班级日常事务管理；学院专业教师注重专业知识的系统性、结构性，着重传授知识。而书院导师不承担对学生学习、日常生活进行管理的责任，导师与学生不是管理者和被管理者的上下级关系，而是民主平等，自由交流。相对于管理者的管，导师强调对学生进行引导，注重言传身教的作用，向内修身并且流露于外，用人格魅力和道德素养影响学生，培养其意志和品德。相对于专业教师的教，书院导师侧重于导学，引导学生参加书院活动，在实践中找准自我定位，根据学生的个人发展状况，提出合适的建议，促进学生的自我发展，在互动中，运用启发性的语句，帮助学生学会思考，拥有独立求学的精神。

---

① 范双利，彭远威. 论现代大学书院制的建设 [J]. 高教探索，2014（6）：11-16.

第三节　体验学习视角下的高校书院制

《世界高等教育大会宣言》指出，21世纪将是更加注重质量的世纪，由数量向质量的转移，标志着一个时代的结束和另一个时代的开始。重视质量是一个时代的命题，谁轻视质量将为此付出沉重的代价。

大学为学生提供了各种学习资源和平台，学生的学习效果体现了高校的教学质量。各类资源的投入和教学环境的建设保障了教育活动的开展，但是学生作为教育的主体，其学习和发展变化才是衡量高等教育质量首要的、直接的、最重要的指标。

正如美国学者弗雷泽（Frazer）指出的："高等教育的质量首先是指学生的发展质量，即学生在整个学习历程中所学的'东西'（所知、所能做的及其态度），学生在认知、技能、态度等方面的收益是衡量高等教育质量的核心标准。"[1] 影响学生学习和发展的重要因素之一是学生的就读经历。过去，我们比较关注学生的学术经历，但是国内外大量的实证研究表明，课外学习经历对学生的成长发展同样重要。因此，高校要重视学生的各种学术、非学术经历与体验。

一、体验学习理论

体验分为两个部分，一部分是行为实践，另一部分是身心感知，即以身"体"之，以心"验"之。体验可以看作一种心理活动，一般发生在人们获得经验和各种行为的过程中，包括心理感受、情感体验、认知顿悟和反省内化。将体验放在教育活动中可以理解为个体内在的知、情、意、行的亲历、体认与验证，包含个体过去的生活阅历、当下生活场景的生命感动和人生希冀的蓝图。

美国教育改革术语表对学习体验的解释是，任何学习行为发生的课程、实践或互动体验，不论是发生在传统的学习环境中（教室、学校）或是非传统的学习环境中（校外或户外），也不论是传统的学习方式（学生向老师学习）或是非传统的学习方式（学生通过游戏或交互软件学习）。美国学者帕斯卡雷拉等认为，学习体验包含学习时间、课程负担、学分数、成绩、与同龄人的社会交往、计算机使用以及阅读和写作经验等方面。

---

[1] 陈玉琨. 高等教育质量保障体系概论[M]. 北京：北京师范大学出版社，2004：59.

体验现在也被经常运用于学习理论的研究。《体验经济》一书作者、美国麻省理工学院教授 B. 约瑟夫·派恩（B.Joseph Pine Ⅱ）等指出："阅读的资讯，我们能学习到百分之十；听到的资讯，我们能学习到百分之十五；但所经验过的事，我们却能学习到百分之八十。"①

然而，很多人对体验、体验学习的理解只停留在具体活动阶段，认为只要设计活动让学生参与就是体验学习。这种观点的错误之处就在于片面理解了体验活动的意义与作用，把"体验 = 体验学习"，只强调学生的"做（doing）"却忽视"学习（learning）"。其实，体验学习的内涵并非只注重直接的、具体的体验，而是由体验获得感知，经过内在的反省和思维，把具体的经验转化为可以指导后继行动的理论，即把学习看作结合了体验（experience）、感知（perception）、认知（cognition）与行为（behavior）四个方面整合统一的过程。

（一）体验学习理论产生的过程

体验学习（Experiential Learning），又被译为"体验性学习""体验式学习"，发源于著名教育家杜威的"经验学习"。杜威所提出的"做中学"（learning by doing）强调必须借助运用、尝试、改造等实践活动，才能获得真知。

虽起承于杜威，但首次把体验学习作为一种独立的学习方式进行开发的是库尔特·哈恩（Kurt Hahn）。哈恩敏锐地发现以纯粹知识为核心的学校教育存在着极大的不足，这种教育下的学生普遍不懂感恩和体谅，这样的教育不但背离了以"富有进取心、好奇心、永不言败的精神、韧性、自我判断的能力，尤其是同情心"的教育初衷，而且不利于学生身心和谐发展。为弥补上述教育方式的不足，哈恩设计了一套重视学生亲身体验和经历的教育活动，如野地探险、溯溪攀岩、沙漠求生等一系列需要学生与他人良好合作、团结的活动。但由于当时德国处于希特勒纳粹统治之下，哈恩的教育活动被迫中断，其本人也受到迫害流亡英国。

在英国，哈恩把体验教育活动用于海员的生存训练，提高了海员的生存率，自此人们意识到体验训练的重要性，体验训练才得以推广，训练内容从传统的体能训练、生存训练变得更加丰富科学，加入了心理、人格、管理训练等内容，体验训练逐渐演化，应用范围不断扩大，从最初的军事生存训练变为为社会和经

---

① 田序海，鄞力. 体验式学与教策略 [M]. 北京：经济日报出版社，2006：1.

济领域服务的一种人本训练，这引起了有着实用主义传统的美国人的极大兴趣。1950 年，米纳（Josh Miner）前往考察哈恩所建的外展训练学校（Gordonstoun School），回到美国后大力推广。到 20 世纪 80 年代，美国已拥有数不胜数的户外学校，支撑起了一个庞大的培训产业。后因罗伯特·培契在北明尼苏达学校推出的 PA（Project Adventure，体验教育）课程十分适合在校园中展开，普遍受到中小学生的欢迎，体验学习的概念也因此逐渐成熟并被广泛采用。同时，在美国高等教育中有关体验学习计划的倡议也在日益增多，一方面由于美国人一直信奉实用主义哲学，在职培训、场地项目、角色扮演和其他以经验为基础的教育形式在在校大学生的课程和专业培训中扮演着重要的角色；另一方面高等教育大众化、普及化使得受教育对象多元化，少数民族、穷人、成人等学生的出现要求教学方法的更新，以体验为基础的教育被美国的大学和学院广泛地应用。

尽管体验学习的理论已经在美国大中小学得到普遍应用，但还有一些人对体验学习持质疑和批评的态度，甚至有人将之称为骗人的玩意或"新潮"，学院派认为它过于实用主义，且与反智力和职业主义危险地联系在一起。这使大卫·库伯意识到人们对体验学习技术和过程的关注多于对其内容和本质的思考，如若没有理论的指导，体验学习也只能成为另一个教育热点——众多教育窍门中的一个。于是，他潜心研究体验学习理论，在 1971 年发表了第一篇关于体验学习的论文，于 1984 年出版第一部专著《体验学习》。该书在体验学习的理论和实践、抽象原理与具体事例之间搭建了一座新的桥梁，系统地论述了杜威、勒温、皮亚杰等的思想，为体验学习构建了理论依据，同时以心理学、哲学、生理学学科为依托，总结了体验学习过程的结构模式，提出了著名的四阶段"体验学习圈"模型，并总结了体验学习的基本特征和"辐合式、发散式、同化式、顺应式"四种体验学习的基本方式，为我们深刻理解、实践体验学习提供了依据。

20 世纪 70 年代，美国高等教育规模扩大，但是教育质量下降，为提升高等教育质量，大学生学习体验调查研究应运而生。1978 年，美国印第安纳大学教授罗伯特·佩斯（Pace C.R.）主持研发了《大学生就读经历调查问卷》（*College Student Experience Questionnaire*），问卷中包含了学生对学习收获、校园活动和社会互动的体验评价，通过对问卷结果的分析佩斯发现学生的学习效果和教育质量与其自身的努力程度有关，因此他提出了"努力质量"（Effort Quality）的概念，这一理论强调学生在学习中投入的时间、精力多少的重要作用，认为只有投入更多的时间和精力才能收获好的学习效果。阿斯汀（Astin A.W.）教授提出了"学生投入理论"（Student Involvement Theory），与该理论有异曲同工之处。之后，阿斯汀教授又提出了"输入—环境—输出"理论，这一理论指出，学生的主体条件是学习成果的输入变量，学校环境是影响学生学习成果的环境变量，这里的环境因素包含学校的学习氛围和学生的人际交往，学生的个人发展和学习效果是教育的输出结果，关注到了环境因素对学习成果的影响作用。1985年，帕斯卡雷拉（Pascarella E.T.）提出"变化综合评定模型"（General Model for Assessing Change），这一模型指出了学生学习成功和个人发展的五个影响因素，即学生与他人的交往、学生在学习中的努力程度以及学生个体的特征三个直接因素，学校结构与组织特性、校园环境两个间接因素。1993年，汀托（Tinto V.）提出了"交互影响"理论，这一理论认为学术系统和人际系统整合产生了大学生校园经验，学生与这两个系统之间的整合程度越高，学习的参与度就越高，从而就能得到较好的学习效果。21世纪初，乔治·库（Kuh G.D.）提出了"学习性投入"理论。

体验学习在我国也有着源远流长的历史，如：《孔子家语》中说"不观高崖，何以知颠坠之患；不临深泉，何以知没溺之患；不观巨海，何以知风波之患"[①]；荀子指出"不闻不若闻之，闻之不若见之，学至于行之而止矣"[②]；朱熹提出"切己体察"的读书方法和"知之愈明，则行之愈笃；行之愈笃，则知之益明"；陆游提出"纸上得来终觉浅，绝知此事要躬行"。但由于都没有上升到理论层次，体验学习只是众多教育方法中的一种。中国体验学习真正意义上的践行者当属陶行知，他曾去美国留学，师从杜威，受杜威的影响并结合中国国情，提出了"生活即教育""社会即学校"等教育理论。

（二）体验学习的理论渊源

1. 杜威的经验主义哲学

杜威是20世纪最有影响力的教育理论家之一，在《经验与教育》一书中，他提出：学习来自课本和教师，也来自经验；训练不是为了获得互不相干的能力

---

① 《文白对照》诸子文粹编写组. 文白对照诸子文粹：上[M]. 哈尔滨：北方文艺出版社，1994：22.
② 赵志宏. 体验式学习：建构儿童有意义的学习经历[M]. 北京：知识产权出版社，2021：4.

与技术，而是使它们成为达成至关重要而又富有吸引力的直接目标的手段……我们应熟知变化的世界而不是静止的目标和事物。新哲学的根本一致之处在于均认为实际经验和教育之间存在密切和必然的联系。在杜威看来，经验在教育中占据着核心地位，最好的教育就是"从生活中学习、从经验中学习"。杜威反对脱离实际生活进行抽象的书本知识的教学，他受达尔文进化论的启示，认为个人的成长与其所在的社会环境密不可分，并在相互交流过程中改变对方，即人与社会为共生与互动的关系。因此，他主张"做中学"，提出"所有真正的教育都来自体验"，加深学生对社会生活的认识，加强学生与社会生活的联系，为学生提供开放性的学习体验。

杜威认为内部经验属于个人行为，是个体在危急、强盛和恐惧时产生的，因此完全由个体掌控，对于个体而言是独一无二的经验。可见，杜威所说的"经验"不同于传统意义上只涵盖认知成分的经验，他所述的经验，除认知的意义以外，感受、情愫、反思、行为等都涵盖于内。经验不仅与产生经验的情境相关，而且自身就是一个绵延不绝的发展历程。杜威不仅从哲学的角度对经验加以界定，而且把生物学的含义掺入其中，从生物与环境的交互行动中，提出"经验应该是多元性的"，即产生经验的情境、内容、关系都来自生活。杜威工具哲学（Instrumentalism）的知识论看法，也带来一种新的理论，即经验是工具性的。经验自身并不是价值的所在；经验之可贵，在于能够替人们解决生活上的实际问题。可见，杜威所说的经验来源于生活，又作用于生活，形成一个循环。基于经验，我们不能仅仅被动地适应社会，还可以主动地改造生活，在刺激、感受和具体体验中寻求更高规则的目标行为。

2. 库尔特·勒温的心理动力场

库尔特·勒温从完形心理学的立场出发，对个人心理不同的方面进行研究。他通过一系列实验揭示了人格动力学特点，建立了拓扑心理学和向量心理学的理论。此后他在拓扑学理论的基础上，把物理学中"场"的概念引进心理学，提出了"心理场"概念。他认为心理场就是由一个人的生活事件经验和未来的思想愿望所构成的一个总和，它随着个体年龄的增长和经验的累积在规模上和类型上不断扩展和丰富。一个人的心理场是同他的生活阅历呈正相关的，即一个人的生活阅历越丰富，他的心理场的范围就越大，层次也越多。

个人的生活体验会影响人的心理，同样，人的行为也受心理的影响，勒温把"行为变化看作各种心理力量的结果"。他提出著名的行为公式B=f（P·E），在这个公式里，B代表行为，f是指函数关系，P是指个人，E是指环境。用文字来解释这个公式，就是说行为随着人与环境这两个因素的变化而变化，即一个人的行为受个人经验和环境的双重影响。

勒温反对行为主义者用孤立的、客观的物理主义的术语来界定学习，主张从整体情境和心理的角度探讨学习。

3. 让·皮亚杰的认知发展观

如果说杜威的实用主义哲学观和勒温的格式塔心理学是从外部向自中世纪以来在学习和教育中占支配地位的理性主义哲学发出了挑战，那么让·皮亚杰的认知发展观则更多地从内部对理性主义哲学发出了挑战。

皮亚杰的认知发展理论摆脱了遗传和环境的争论和纠葛，旗帜鲜明地提出儿童的认知发展是内因和外因相互作用的结果。皮亚杰认为："认识既不是起因于一个有自我意识的主体，也不是起因于业已形成的、会把自己烙印在主体之上的客体；认识起因于主客体之间的相互作用，这种作用发生在主体和客体之间的中途，因而同时既包含着主体又包含着客体。"[①] 他认为知识既非来自主体，也非来自客体，而是在主体与客体之间，或者说是在机体与环境之间的相互作用过程中建构起来的。知识是主体通过行动、活动作用于客体，并经过一系列心理发展过程而形成的。

皮亚杰把儿童的认知分为感知运动阶段、前运算阶段、具体运算阶段和形式运算阶段。皮亚杰认为：逻辑和数学观念在儿童身上是作为外部活动而显示出来的，只是在较晚的阶段，它们才内化，并具有概念的性质。它们可以用微缩的内化活动来表达，其中事物被符号所替代，而活动则被这些符号的运算所替代。从皮亚杰的观点可以看出行动在人的认知形成中所扮演的重要角色，从感知运动阶段到形式运算阶段，行动并未消失，而是换了一种形式。

皮亚杰根据其认知发展观提出"活动教学法"，即在教学过程中，不要直接灌输学习内容，而是把活动原则融入教学过程，让儿童主动探索外物，通过活动及其协调，逐步形成、发展、丰富自己的认知结构，重新创造发明和理解事物。同时，

---

① 皮亚杰.发生认识论原理[M].北京：商务印书馆，2009：38.

皮亚杰的认知发展理论让布鲁纳看到了开设任何领域的课程的可能，这些课程在任何年龄或认知发展阶段都能被大量传授给学习者。布鲁纳等开始应用认知发展理论进行以经验为基础的课程开发，把以抽象符号为主的科学和数学转变为处于具体运算阶段的儿童也能理解的表现方式，如让儿童将水从高而瘦的杯子倒进矮而胖的杯子中后又倒回去，从中发现守恒定律，就是对皮亚杰最初实验结果的应用。

虽然皮亚杰认为认知发展阶段在儿童的青春期就终止了，但许多研究者认为具有明确规律性的认知发展过程可以扩展至成人期，如威廉姆·彼利在《大学生的智力与道德的发展形式》中指出，大学生的道德知识经历了从绝对主义、以权威为中心、大学早期的对错观点、极端的相对主义发展到大学后期在相对主义下的个人责任的较高阶段。这使我们意识到学习和发展是一个终身的过程，社会机构和组织应该在日常教育工作中承担更多的责任，以帮助成人习得能够促进他们个人学习和发展的经验。

4. 保罗·弗莱雷的原生主题论

保罗·弗莱雷是 20 世纪下半叶有影响力的教育家之一，他认为现在的教育加剧和固化了社会的不平等，要使人获得解放就必须进行批判性的教育。他在《被压迫者教育学》一书中提出要反对传统的、把学生当作"容器"或"储藏所"的银行储存式教育（the Banking Concept of Education），这种教育遏制了学生的活力和创造力。弗莱雷认为："真正的教育不是通过'甲方'为'乙方'（A for B），也不是通过'甲方'关于'乙方'（A about B），而是通过甲方和乙方一起（A with B），以世界作为中介而进行下去的——这个世界给甲、乙双方留下了印象并提出了挑战，产生各种关于这个世界的观点或想法。"[①] 可见，弗莱雷所主张的教育不是空洞的、灌输式的，而是带有很强的实践性特点。所以，他主张课程内容应来源于观察和调查基础上的"原生主题论"，教学方法也应是"提问式"教育（"problem-posing" education），强调师生在平等对话中积极探索抽象概念所包含的个人经验意义。

（三）体验学习的理论模型

体验学习的理论模型是呈现体验学习顺序的一种方式，它将体验学习的整个

---

① 保罗·弗莱雷. 被压迫者教育学 [M]. 顾建新，等译. 上海：华东师范大学出版社，2001.

过程分为不同的阶段，明确不同阶段之间相互作用的方式，能使我们更好地理解体验学习的过程。

有学者根据体验学习过程所划分阶段的多少提出不同的体验学习理论模型，分为一阶段、二阶段、三阶段到六阶段不等。比如一阶段模型认为体验本身就足够激发学习，认为只要学生有过体验就能发生学习。二阶段模型由体验—反思两个阶段构成，认为不仅要重视体验，在体验之后还要有反思才能催化学习。三阶段模型是由体验—反思—计划形成的体验学习圈，相比于二阶段模型增加了计划环节，更能突出体验对未来的影响和效用。四阶段、五阶段、六阶段模型是在此基础上，增加了不同的元素，以增强体验学习的普适性。

在这些体验学习理论模型中，最著名且最完善的应属库伯的四阶段体验学习圈。库伯仔细分析了杜威、勒温、皮亚杰三者提出的体验学习过程，发现三种学习过程模式都认为"学习是经历自身非常本性的紧张与充满冲突的过程"，由此提出学习者要进行有效的学习，要在辩证对立中解决冲突，必须具备四种不同的能力——具体体验、反思观察、抽象概括和行动应用，并采用结构主义的研究方法，创造性地提出四阶段体验学习圈模型（图4-3-1）。

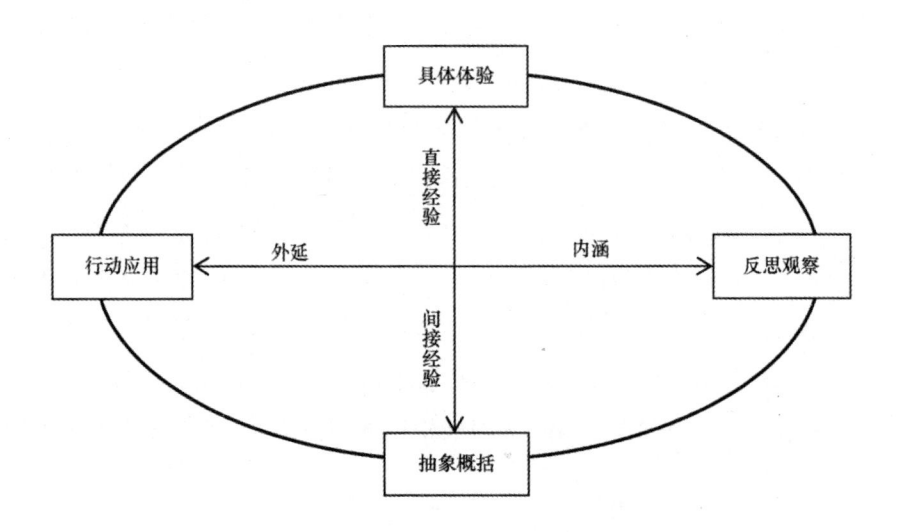

图 4-3-1 库伯的四阶段体验学习圈

在库伯的四阶段体验学习圈中，行动应用与反思观察、抽象概括与具体体验是两个不同领域中的对应辩证概念。这两组辩证概念说明了学习既包括由将具体体验转化为个人经验的过程,也包括将经验抽象概括的过程,学习者要有这两种相反的能力。另外,在学习过程中仅有经验感知,或者仅有操作转换均不能代表学习的全部过程,操作转换需要有相应被转换的内容的支持,也就是说学习者必须已经获得了一些经验或者其当前状态存在一些可能被转换的具体体验。学习者还要尽可能多地进行体验活动,积极参加各种新的经验活动,从而获得更多的体验。在参与过程中学习者要从多个角度进行反思和观察,这样才可根据思考内容和体验形成自己的逻辑语言理论,进而通过这些逻辑语言理论去解决实际问题。每个人在学习过程中,都进行着从行为者到观察者,从特定参与者到一般结论分析者的转变。

库伯提出的体验学习圈理论认为学习是一个以体验为基础的持续过程,在这个过程中,个体与环境进行连续不断的交互作用,进而不断适应世界、创造知识。

二、服务学生成长的书院体验学习路径

体验学习、发现学习、接受学习是人类学习的三种基本形式。长久以来,接受学习以其高效性,能让学生在短期内广泛继承人类精神文明的成果而被当成教育教学的主要方式。但是,接受学习有着固有的缺陷。在接受学习的实践活动中,学习者面对的是人类集体的文明成果,是用严密的学科体系组织起来的人类认识与思辨的精华,是复杂的语义系统与逻辑运算规则,这一套多变的符号系统远离学生生活体验,导致学生缺乏学习兴趣,并且传授内容的权威性也削弱了学生提出疑问与另作解释的勇气。这种忽视学生实践、生活体验的教学模式难以满足学生未来发展的需要。

面向21世纪,教育工作要加强对学习者主体意识、创新精神与实践能力的培养。我国在《国家中长期教育改革和发展规划纲要(2010—2020年)》中提出要提高高等教育质量,强化实践教学。著名教育家杜威曾说过,"所有真正意义上的教育都来自体验"[1]。

体验学习理论萌芽于20世纪初期美国实用主义教育思想,产生于20世纪70年代关注生活体验的人文科学研究的转型时期,与强调获得、控制、抽象符号的认知理论,以及拒绝承认任何个体的作用及主观能动性的行为主义理论有很大的

---

[1] 王鸣.外语教学与语言文化2011[M].天津:天津大学出版社,2011:74.

差别,是融体验、感知、认知与行为于一体的综合性理论。

从目前书院体验学习的现状可以看出,积极参与书院活动的学生在大学期间的收获要显著高于不参与书院活动的学生。程海东在《澳门大学住宿式书院系统成立两年绩效评估》一文中也得到了相似的研究结果。他通过澳门大学迁入横琴校区转变为住宿式大学的机会,制定了一套评估方法,比较有无书院体验对学生多个方面的影响。用问卷调查的方式对接受住宿式书院教育的本科生和未接受住宿式书院教育的本科生的学习指标与相关指标进行调查和比较,结果显示有住宿式书院经历的学生得分均高于没有住宿式书院经历的学生。入住书院时间越长的学生,能力指标得分更高;参与书院活动越多的学生得分越高。程海东表示,此次调查结果令人鼓舞,增添了对以课程化方式落实书院学习的信心。一份来自对美国学生的研究同样表明,住宿学生与走读学生相比,前者对自己的本科阶段的经历更为满意,特别是在同学友谊、师生互动、学校声望上,具体表现在:艺术类兴趣广泛,人际交往中更宽容而且自尊更强;与教师互动多,学生自治程度高,更多学生加入社团;大学学业完成度高,更多人获得研究生或职业头衔;更有可能在领导职责和体育运动中取得成就;专业课平均分高,职业规划贯彻度高。

基于书院体验式的教育对学生产生了积极、显著的影响,为了更好地服务于学生成长成才,我们有必要进一步规范书院体验学习的科学化路径。

第一,创造体验学习的空间。杜威指出:"所有真正的教育来自体验,但并不意味着所有的体验都是真正的教育……有些体验是错误的教育。任何错误体验的教育都会束缚或扭曲之后的成长经历,因此,核心的问题是选择可以在今后产生卓有成效和创造性的经历。"[1] 好的体验能有效地促进人的发展,不好的体验则阻碍人的发展。基于这样的哲学理念,我们需要给所有的体验者创造一个舒适的、受欢迎的空间。这个空间尊重学习者和他们的经历;这个空间面对不同并包容不同,鼓励人们表达不同观点;这个空间是一个对话学习的空间,使学生通过对话能够从彼此的体验中获得知识,提供反思和知识构建的机会。书院要努力构建一个充满爱和温馨、热情友好、师生无障碍沟通的环境。

第二,重视体验后的反思。现代大学书院制将体验式学习纳入课程,并开展相关项目和活动,让学生在实践中相互学习。但是,有体验并不等于体验学习,

---

[1] 刘祥玲. 大卫·库伯的体验式教学 [M]. 太原:山西人民出版社,2020:89.

体验学习可概括为体验、反思、概括和行动四个因素构成的螺旋上升模型，缺少其中任何一个环节都会影响育人成效。学习就像呼吸，它需要吸收体验，处理体验并表达出所学。正如杜威所说，"如果行动和吸收之间没有获得平衡，将不会获得扎根头脑的东西"[①]。体验是"以身体之，以心验之"，体和验两者不可偏废。也就是说，既要重视学生的身体力行（"体"），又要强调学生对学习经验的领悟、体察和反思（"验"）。体验是以亲身经历、实践活动为基础，通过对经历、实践的感受、反思而实现的人格升华。只有通过反思内省，才能将活动与生活联结起来，找出其中所蕴藏的生命价值。反思内省才是体验学习的关键，透过反思内省，许多思考的碎片才得以拼装，体验所形成的意义才能与其他经验整合，从而形成一些新观点、新认识和新发现。书院在设计体验活动的同时，要引导学生进行反思观察，给学生的抽象概括留有时间和空间，使他们收获有意义的结论，并运用于新的情境中。

第三，设计系统、连续、多次的体验。库伯把学习描述为一个起源于体验并在体验中不断修正并获得观念的连续过程。体验学习是一个过程，而非结果。一次、两次体验并不会使人一劳永逸地掌握某种技能和形成某种稳定的人格特质，个体只有通过多次与环境的不断交互作用，并通过这些体验去总结、反思、交流，才能在这一过程中形成积极的情感、态度和价值观。书院在进行体验教育的过程中要形成系统的教育计划，使学生通过多次"体验学习圈"的循环，从具体体验起步，经反思观察、抽象概括、行动应用再到新的具体经验、反思观察……形成不断上升的螺旋，实现对知识、能力等的培养。

第四，借鉴美国体验学习的经验。体验学习起源于美国的实用主义哲学，美国人反对通过单纯诵记课本中的抽象知识来学习，而主张从"做中学"，到实践体验中去加深知识和理解、培养能力。美国的体验学习实践经验较丰富，并在长期的实践中形成了多种多样的体验学习形式和内容，既包括合作教育、实习、服务学习、本科生科研和海外体验学习等多种主要形式，也包括实验室教学、实地调研、项目学习等内容。这种强调学生主动进行体验、合作及意义反思的教学模式，为学生提供社会实践和职场体验的机会，关注学生在体验中进行学习和思考的过程，培养了学生的协作能力、沟通能力及在不确定的环境中解决问题的能力。

---

① 刘祥玲. 大卫·库伯的体验式教学 [M]. 太原：山西人民出版社，2020：138.

因此，现代大学书院要不断提高对体验学习的重视程度，设计多样的体验学习活动和内容，注重将实践项目和课程教学相融合，充分发挥社区和企业在人才培养中的重要作用，并引导学生在体验中反思和总结经验，以增强学生在知识经济时代的职场适应力、科技创新力和全球竞争力。

第四节 协同共生视角下的高校书院制

一、共生理论

"共生"概念出现于生物学领域，其在生物学中的内涵也存在多种理解，这里主要列出代表性观点。追溯其历史，第一个提出生物界广义共生概念的是德国医生、著名的真菌学奠基人、植物病理学家安东·豆·培里（Debary，1831—1888）。他指出："共生是不同生物密切生活在一起（live together）。"[1] 接着，斯科特（Scott）明确地提出共生是两个或多个生物，在生理上相互依存程度达到平衡的状态。原生动物学家戴尔·S.魏斯（Dale.S.Weis）指出："共生被定义为几对合作者之间的稳定、持久、亲密的组合关系。"[2] 此后，诸多学者从不同视角对共生现象进行研究，都在一定程度上指出了生物共生现象的特征以及共生的功能和类别，揭示了共生的生命性与异质共存性，这是共生的相对狭义界定。

随着研究的深化、拓展以及从自然科学领域向人文社会科学领域的发展，20世纪五六十年代后，"共生"思想和概念逐步引起人类学家、生态学家、社会学家、经济学家、管理学家、伦理学家乃至政治家的关注，甚至有社会学家提出当今人类社会已进入一个"多元共生的时代"。

吴飞驰认为："共生是人类之间、自然之间以及人与自然之间形成的一种相互依存、和谐、统一的命运关系。它是生命宇宙的存在方式；共生的基本类型可分为包括生物学上的共生和人类社会的共生等类型。"[3] 同时，他又把共生限定在人类社会，即共生是人类社会中人与人之间的一种相互需求、相互依存的生存状态

---

[1] 洪黎民.共生概念发展的历史、现状及展望[J].中国微生态学杂志，1996（4）：50-54.
[2] 同①.
[3] 吴飞驰.关于共生理念的思考[J].哲学动态，2000（6）：21-24.

或生存结构。共生至少有三个基本层面的含义：一是两个以上独立主体的共同存在，二是这种共同存在是相互需求的、动态的、活生生的，三是共生包含了合作与竞争。

作为一个从生物学中借鉴而来的概念，共生系统中包含了共生单元、共生关系和共生环境三个基本要素，共生现象是三者共同作用、相互影响的结果。现代大学书院作为现代大学运行体系的一个组成部分，其与专业学院的关系就是一个共生系统。从"书院—学院"的共生形态来看，书院与学院是两个共生单元，构成了共生体或共生关系的基本能量和交换单位，可以产生、形成共生体的基本物质条件。如学院可以给书院提供专业教师、课程、学术资源等，书院则可以为学院提供管理团队、第二课堂人才培养平台等支持。在"书院—学院"共生关系中，优势在于资源的差异性、功能的互补性，是一种"强关系"的链接，劣势在于交换关系需要有科学的评价机制予以保障和引导；共生环境是影响"书院—学院"共生系统的重要因素，既包括宏观层面的社会环境、政策环境等，也包括中观层面的学校环境和微观层面的学院环境。在书院与学院的关系中，书院的发展需要学校层面给予政策扶持与资源倾斜，才能在外力支持下维持"书院—学院"共生关系的平衡，离开外力支持，如同一个脆弱的生态系统，很容易失去平衡。

二、协同共生理论视角下书院的运行机制

当下我国高校涌现的模式各异的书院，虽借用古代书院之名，但是现代大学制度的产物。从发展路径上看，它并非中国大学内部自发生成的产物，而是在过去十多年中，在已经高度分化的专业院系组织之上，经由管理部门设计嵌入大学组织的结果。基于此种后发外生的发展路径，书院和学院的关系是书院制改革绕不开的话题。书院与学院的关系问题是书院制下大学内部治理的重要问题，也是推进本科教育组织模式变革的关键问题，厘清二者的关系，有助于带动高等教育体制的改革。

学院制是我国长期实行的校院治理机制。从我国高校学生管理的传统体系看，"学校—院系—班级"构成的学生管理系统是长期以来我国高校普遍采用并在学生教育管理中发挥作用的主渠道、主系统。然而，随着高等教育大众化进程的推进，后勤社会化改革以及学分制改革的深化，高校学生管理面临的内外部环境和

大学生主体自身日益发生深刻变化，对现行的单线式的以"学校—院系—班级"为架构的学生管理体系形成明显冲击，以公寓为主阵地的学生生活区逐步从管理的"后方"向管理的"前沿"转移，生活区学生教育管理和服务体系成为高校全面育人的一个重要组成部分。

从世界高等教育发展的趋势看，以宿舍为载体的住宿学院是欧美高校的重要教育组织模式并具有世界影响。哈佛、耶鲁等世界名校非常重视住宿学院的学生发展功能，将住宿生活服务项目看作学校教育计划和对学术提供服务的基本组成部分。近几十年来，发端于英国的住宿学院制在美国高校复兴并影响世界各地。目前在美国排名前25的大学里一半以上已有或正在计划建立完整或局部的住宿学院系统；新加坡国立大学、澳门大学以及香港中文大学等都在推进住宿学院改革。住宿学院制在越来越多的老牌大学和新建大学中被应用，其复兴被认为是当今世界有关教育社区设计最显著的发展趋势之一。

拥有住宿学院制度的高校是典型的"双轨制"运行模式。专业学院承担知识传授和知识创新功能，住宿学院则承担学生服务和学生发展功能，二者形成一种矩阵式结构。欧美高校住宿学院制是大学创新和历史传承的产物，受到历史背景、教育理念及发展基础的深刻影响，"双轨制"下的住宿学院与专业学院平行发展，职能分工清晰，共同成为学生培养体系的有机组成部分。国内高校无论是"书院制"还是"社区制"等，在很大程度上都是在借鉴欧美住宿学院制基础上的创新发展。无论是"书院"还是"社区"，与原有的专业学院共同成为两个主体，无论哪种实践模式，在运行中都形成了类似住宿学院制"双轨制"运行的学院知识管理与公寓生活管理并行的"二元制"管理运行体系。

"二元制"管理运行体系在增强育人效应上具有明显的体制优势，但是从专业学院的"一元制"到现行的"二元制"管理模式的转变，对传统模式下的办学理念、管理体制、运行体系、职能分工、工作机制等形成重要影响。

第五章　现代高校书院制建设实践

本章为现代高校书院制建设实践，内容依次是书院制下高校通识类教育建设、书院与学院的分工与合作研究、现代高校书院发展评价体系、高校书院制人才培养模式、中国高校书院制典型事例。

第一节　书院制下高校通识类教育建设

一、书院制通识教育模式的特征

（一）充分发挥学生的主体作用

书院制下的高校通识教育建设应遵循新课程改革中新型学生观的要求，培养创新型人才，促进学生的全面发展，发挥学生的主体作用。在教育过程中，教师要充分发挥指导作用，引导学生自主学习，积极思考和创新。

1. 以学生为中心，打破学科专业局限

书院制拓宽了高校教育专业视野和知识领域，加入了通识教育内容，并改变了教育过程中的主体，以学生为核心，构建了以学生发展为导向的人才培养模式。

一方面，书院由不同专业的导师及学生组成，促进了各专业学生之间的充分交流。在住宿的安排方面，书院遵循跨学科和大类一体化的原则，确保同一个宿舍区内可以安排科学、文学等不同专业的学生交叉住宿，可以实现各种专业、各种思想相互融通，打破学生的专业局限性，丰富他们的知识，拓宽他们的眼界。在书院制建设下，学生不仅可以一对一地沟通交流，还可以通过参加各项集体活动，融入不同的集体中并从中了解不同专业的学习内容，扩大自己的朋友圈，培养更多的兴趣爱好，充实自己的知识宝库。不同专业学生之间的互相影响对于学生个体发展来说有着十分重要的作用。《生命是什么》(*What is Life*)这本分子生物学著作对于分子生物学的发展有着重要的作用，但是这本书的作者奥地利的埃尔温·薛定谔其实是一个物理学家，他之所以对分子生物学感兴趣并进行深入研究，最终完成了这本书创作，是受到他学植物学的室友的影响。在宿舍，他们经常会一起探讨各自学科的学习内容，还会对天文、地理、博物等各个领域的内容产生兴趣并一起探讨。由此可见，打破专业学科限制，充分开发学生的兴趣，对于学生的全面发展和创新思维的培养十分重要。

另一方面，在书院内部有充分的公共空间可以供学生进行各种活动，有利于不同专业学生之间的互相认识和交流。学生是学生社区的核心，书院应该将学生事务管理的重点从学院转移到学生社区，组织学生之间积极交流，建立良好的互动环境，帮助学生创造和谐的学习氛围。

2. 树立以学生为本的理念

书院的建设要本着以学生为本的原则，很多高校已经充分认识到以学生为主体的重要性。南方科技大学认为，书院是学生全面发展教育的核心部分，要充分发挥书院的作用，帮助学生在认知、情感、价值等方面获得成长。苏州大学的敬文书院制订了科技人文融通计划，重视隐性教育对学生的影响，将隐性教育与显性教育充分结合，帮助学生全面发展。"敬文礼堂"是敬文书院提供给学生的一个公共交流和学习平台，其包含的内容十分丰富，从专业化的视角帮助学生对文化遗产、艺术审美、科学探索、国际视野等内容进行探索，可以丰富学生的知识体系，提升学生的综合素养，促进学生的个人兴趣发展，鼓励学生互相启发，创新思想，从而实现个人综合能力的提升。

高校学生正处于快速成长的关键时期，对于各个领域的知识有着强烈的好奇心和求知欲，渴望在校园内获取到更多的知识，书院制度的建立满足了当代学生的知识获取需求，学校应充分改革，树立以学生为本的培养理念，打破专业限制，引导学生正确地进行知识学习和交流，为学生创造良好的学习氛围，使学生保持对其他学科的好奇心和敬畏，不断地挖掘自身潜能，全面发展。通识课教学要以学生为主体，避免流于形式，要真正发挥通识课的作用，使学生能在专业学习之外接触到更丰富的知识，让各学科可以融合交流。当代书院制下的通识教育模式，激发了学生的兴趣和好奇心，有利于培养学生的主体意识和创造力。

(二)书院作为"第二课堂"进行教育

书院将学生事务管理的重点放在了宿舍区,以此作为通识教育的核心,创建了一个可以让高校内部不同学院、不同专业、不同年级的学生以及各专业的导师互动交流的环境。

1. 整合学校资源

首先,高校为书院建设提供了丰富的人员储备,高校的辅导员、教师、行政人员和后勤人员都参与到书院的建设中,为宿舍育人提供了充分的人员保障。辅导员分管不同的宿舍楼,进行统一管理,并负责学生的思想政治教育工作,宿舍管理员将管理进一步细化,为学生的学习和生活提供后勤保障,教师在学生的日常学习交流中起到指导的作用。书院制度下的通识教育有效地将学生的学习和生活充分融合。

其次,高校为书院建设提供了物质基础,无论是在资金还是教学设备上,都为书院提供了保障。书院的建立和发展离不开一定的物质基础,要建设一个具有良好氛围的书院,就要有丰富的教学设备和教育资源,因为书院不再是单纯提供住宿的宿舍,而是一个将学生的学习和生活融为一体地方,因此书院要设置相应的学习场所,例如多媒体实验室、杂志阅览室、图书馆、娱乐室等,这样才能充分满足学生的各项需求,从而促进学生之间进行积极的交流互动。

最后,高校的学院管理和书院管理可以互相协调配合,使高校对学生的管理更加完善、全面。学院注重的是学生专业教育和科研的管理,书院则配合进行通识教育和非正式教育及学生日常生活的管理。

2. 充分发挥隐性教育作用

学生在书院中互动交流,可以不断提升自身的综合素养,丰富和拓宽自身的知识和视野,书院可以通过良好的人际环境影响学生,培养学生的探索能力和学习能力。人际环境是书院的重要组成部分,物质环境同样也对高校学生有着一定的影响,学生在书院生活、学习、活动,良好的书院环境可以以潜移默化的方式,向学生传输一定的意识形态,环境的熏陶也是一种对学生的思想观念进行塑造的方式。书院的环境可以对学生进行隐性教育。

书院自古以来就是一种独立于官学之外的教育组织形式,因此在长期的实践中形成了自由开放的特点,在书院中人们可以畅所欲言,解放思想,发挥个人的主观能动性和创造力去完成对各个领域知识的研学。长期以来，书院在社会上一直起到文化传承的重要作用。当代高校的书院制建设继承了古代书院的特点，将求学与修身融为一体，学生在书院中既可以学到知识，又可以塑造个人的价值观念，培养自己的道德品行，养成良好的学术研究习惯，学习他人优点，汲取丰富的文化知识来充实自身，从而实现个人个性的发展和能力的提升。书院倡导教师和学生之间平等交流和学生之间和睦共处，鼓励学生积极思考、主动学习，培养学生的独立精神。书院内的各种装饰、标语等都可以向学生传递一些价值观念，高校书院通过自身实体环境传达高校的精神文化，培养学生的认同感和归属感，使学生更加有凝聚力，促进学生之间的密切交流。

（三）实行导师制

书院对学院的师资进行了整合。目前我国高校书院大多实行导师制，主要由教授、副教授担任导师，由辅导员和其他学生工作人员担任常务导师，在管理和教学上都有专业人员为书院提供保证。书院平均每3~5名学生会由一个导师负责，导师和学生之间双向选择，学生可以联系自己感兴趣专业的教师作为导师。

西安交通大学的彭康书院严格实行导师制度，导师有三种不同的类型：一种是常任导师，主要解决学生的日常生活问题，并在有需要时对学生进行心理疏导；一种是专业导师，专门为大学生解决学术领域的问题，指导学生进行学术学习和研究；还有一种是兼职导师，由有经验的学生担任，负责沟通、组织、协调书院的相关事务，在管理上更加便捷。学校的其他人员协同导师一起为书院建设提供了有力的保障，满足了学生学习和生活的各方面需求。

二、优化高校书院制通识教育模式的策略

（一）建立健全导师制

要从制度方面入手加强对导师的培养和管理。导师制是书院通识教育模式的重要组成部分。导师起到了平衡学生专业教育和通识教育的重要作用，使学生的道德水平和智力水平能够均衡发展，因此要注重落实导师的保障制度，关注导师的专业发展。

1.落实导师的相关制度保障

首先,高校应完善书院导师制的相关配套制度,打造有利于导师教学和管理的环境条件,保障导师的校内工作更方便地开展。部分高等院校采用了辅导系统配合住宿系统的方式,使学生与导师的交流更加密切、深入。导师有着教学和科研的双重压力,高校要尽可能在配套制度方面给予导师足够的帮助和保障,减轻导师的压力,从而促进导师工作的开展。要在物质方面为导师提供一定的保障,要关注提升和改善导师的薪资和物质环境,使导师能够将更多的精力投入到教学和学生管理上。

其次,要给予导师充分的认可,从精神层面激发导师的工作热情,增强导师对书院的归属感和对职业的自豪感。书院制下的通识教育模式对导师提出了更高的要求,导师既要有丰富的通识知识积累,也要有责任心和奉献精神,因此,高校应关注对导师观念的引导,提升对导师的认可,给予导师一定的自由度和特权,鼓励导师全面发展,对于导师的工作成果给予尊重并肯定,这样才能使导师和学生之间的关系更加融洽、密切。另外,还要制定合理的评估指标和评价体系,做到人性化的管理和监督,既要从制度上保证导师工作的效果,加强对导师工作态度和能力的监督,又要避免评价体系刻板僵化,应坚持相应的定性和定量结合的导师自我评价和学生评价机制的建设,科学合理地评价教师工作成效。

最后,要加强对导师科研工作的支持,加强导师的研究资金保障,促进导师和学生科研水平的共同发展,从而加强师生之间的交流。

2.建立新型师生关系

书院导师制的建设要注重导师与学生的共同发展,导师在书院制教育中起到指导作用,通过自身能力、品德和一言一行对学生产生积极的影响,从而使学生主动学习并完成自我塑造。导师对于学生的教育采用的并非灌输的方式,导师和学生之间的交流是平等的、双向的,学生通过与导师的交流和相处,可以逐渐形成自我意识,并养成良好的生活学习习惯,因此导师的道德水平和教学能力对学生的发展有着重要的影响。导师和学生在互动交流中可以实现共同发展,导师通过学生的反馈可以调整自身的一些教学习惯,也可以通过与学生的交流发现科研和教学中的更多可能,促进自身发展。我国自古以来讲究尊师重道,这可以与现代导师制相融合,学生和导师之间互相尊重,平等交流,激发学生自主学习的兴趣，优秀的导师也会通过个人魅力和卓越的能力引导学生向他学习，促进学生的全面发展。因此，要注重导师的专业能力和道德水平的提升，导师之间也可以加强交流合作，取长补短，提升自身的能力和思想水平。

（二）实现书院的自主管理

书院应当构建独立管理机制，协调与专业学院之间的关系，划分与专业学院之间的职责，合理设置管理机构，既要全面开展学生事务管理工作，又要提高管理效率，做到人员的合理分配。另外，还要给予导师和学生充分的自主权，打造自由开放的书院环境，过于死板严格的管理制度并不利于书院制下通识教育模式的实施，会影响学生的积极性。要以学生为核心，尊重学生的个性化需求，重视对学生的教育，管理机构作为行政权力的集中行使部门，不应该只注重管理和权力的实施，忽视对学生的教育和学生的主体性。书院管理制度改革要自下而上地进行，增加导师和学生的自主权，确保导师在教学和人才培养、人才选拔方面有一定的自主权。

（三）探索书院管理模式多样化

书院采取各专业学生混合住宿的模式是为了促进不同专业学生之间的交流，书院应利用这一现有条件，举办丰富多彩的课外文化活动，吸引各专业的同学参与进来，加强学生之间的互动。还要重视书院的物质环境建设，发挥隐性教育作用，有效促进学生的成长和进步。

1. 充分发挥住宿生活功能

高校学生正处于积极学习、充分探索的成长阶段，这一阶段他们接触的人和事物都会对他们产生一定的影响。高校学生的校园学习生活主要依靠教师的指导和自我学习，当然也受到宿舍环境的影响。宿舍是学生每天都要停留一定时间的地方，宿舍同伴也会在一定程度上影响学生的学习和发展，积极向上的宿舍氛围可以改善学生的学习和生活习惯，促使学生不断进步，丰富的宿舍文化也能使学生了解到更多的专业知识，广泛地学习。书院应充分利用宿舍环境，促进学生之间的互相交流，调动他们的积极性和主动性，使之互相学习、共同进步，增强学生的凝聚力和对书院、对学校的认同感及归属感。

2. 开展丰富多彩的活动

书院制通识教育模式的目的是拓宽学生的视野，扩大学生的知识面，让学生在专业课学习之外接触到更多的知识，从而实现全面发展。因此，书院制下的通识教育要注重课外活动的开展，通过开展学生感兴趣的活动吸引他们进行通识知识学习，自主发掘自己感兴趣的内容。书院可以通过组织学生参加晚宴等活动，促使学生主动学习和研究社交礼仪；还可以通过一些生活化的活动，教导学生一些必要的生活常识；可以在传统节日举办一些课外活动，增加学生对传统文化的了解。丰富的课外活动是一种非正式的教育方式，起到了寓教于乐的作用，还能使师生之间、学生之间的情谊更加深厚。

（四）创新教育理念

书院制教育并不是一种流于形式的教育模式，而是以书院的形式促进通识教育的开展，要加强对书院制育人理念与精神的研究，并将其融合到通识教育中，让形式服务于教育内容，以形式促进教育的开展。要以书院制教育理念为基础，对通识教育进行统筹规划，从而实现教育体系的改革，完善通识教育体系，拓展教育的空间。书院制下的通识教育是对教育模式的创新和改革，要明确书院和学院的同等地位，明确通识教育和专业教育的关系，明确通识教育的定位，使通识教育和专业教育相互配合，实现学生培养目标。书院制通识教育模式要符合现代高校办学理念，符合当代学生的发展需求，符合现代教育要求，塑造全面发展的人才。因此，书院制教育的开展要以创新教育理念为基础，充分考虑当代教育需求和要求，发挥教育的作用，跟随时代发展的脚步开展书院制通识教育才能真正实现教育模式的改革，达到理想的教育效果。

（五）构建高效课程体系

学院制教育以专业课程教学为主，旨在提高学生的专业水平，是以学科目标和专业目标为基础的教育模式。书院制教育弥补了学生专业课以外知识的空缺，涉及了多个专业领域的知识，根据学生的个性化、多元化需求，进行课程安排，突破了专业的限制，丰富了学生的学习内容。书院制教学模式服务于专业学习，在进行课程安排时会注重与专业课程的配合，关注二者之间的逻辑性和关联性。为了促进书院制教育的高效进行，学校应将书院制教育和学院制教育更好地融合，根据学生需求和学校现状设置课程,注重隐性教育的作用,完善现有的通识教育课程体系,凸显书院自身的文化特色和内涵。

(六)创建双重教育模式

建立书院制下的通识教育模式并非要取代学院制下的通识教育,学院制通识教育以课堂教学的方式开展,是通识教育中的显性教育成分;而书院制下的通识教育以第二课堂活动的方式开展,是通识教育中的隐性教育成分,二者之间互相配合形成完整全面的通识教育,大大提升了通识教育的效果。学院制通识教育更注重教学,而书院制通识教育更注重育人,这两部分缺一不可,因此要充分协调二者之间的关系,将两者融合,实现教育体系互补与延伸,构建双重教育模式。

书院制通识教育与学院制通识教育各有优势,而基于书院制背景对通识教育进行改革,为通识教育提供了更多的教育载体与教育空间,能够让学生学习到除了专业课以外的知识,学习我国的优秀传统文化,发挥通识教育的育人功效,对于学生综合素质提升具有显著作用。基于书院制背景对通识教育改革,要将书院的职能和学院的职能有效融合,实现互补,从而实现通过通识教育提升学生专业知识、专业能力、专业素质的目的,培养学生的综合能力。基于书院制背景对通识教育进行改革,还要创新通识教育体系,尊重学生的自主选择权,激发学生的自主意识,发挥通识教育的自主性、服务性、文化性功能,构建良好的文化氛围。

(七)植入优秀文化

书院制通识教育模式拓宽了通识教育的空间,借助学生社区,为校内师生提供了一个便捷的交流平台。高校既要注重专业人才的培养,也要注重学生道德品质的塑造和文化水平的提升。当代教育更加关注教育的育人功能,而书院制通识教育可以充分发挥通识教育的德育功能。高校应传承和弘扬中华民族传统文化,这既是高校的责任,也是社会发展的需要。通识教育可以使学生了解和学习中华民族文化,促进中华优秀文化传承与发展,培养学生的文化自信意识,增强学生的文化自信,使学生具备良好的文化鉴赏能力与审美能力。书院可以创建独特的文化品牌,提升学生的凝聚力,引导学生探索和研究传统文化,可以组织书院社团,通过社团的形式促进第二课堂活动的开展,强化通识教育育人功能,还能促进学生对传统文化的发扬和创新。

第二节　书院与学院的分工与合作研究

不同高校建立的书院会有不同的特点，在教育模式和制度上有所不同，书院大致可以根据是否有固定的学生实质性长期入住以及开展学习、接受教育的标准，分为实体书院和虚拟书院，实体书院又可以分为全员制模式书院和非全员制模式书院，具体分类如表 5-2-1 所示。通过研究发现，当前书院制改革仍处于探索阶段，大部分书院的模式都是非全员制模式。非全员制模式是实现全员书院制模式的一个过渡阶段，可以为后期的书院制建设积累经验，也是师生适应书院制教育模式的一个中间时期，高校可以根据师生的反馈解决书院制模式的现存问题。书院制改革是一个循序渐进的过程，应该在模式上逐渐深化，逐步完成书院的全面建设。书院制改革不能一蹴而就，各个高校应该根据自身情况完成书院制的改革，要通过不断的尝试完善自身在改革中的不足，做好全面的准备后再实行全员制模式。

表 5-2-1　实体书院与虚体书院的比较

	基本特征	代表高校及书院
实体书院	有长期入住的固定学生群体的书院。按照入选学生的范围和来源，又可以分为全员制模式书院和非全员制模式书院	全员制模式书院：在一所大学里，其全部本科生均入住一个或几个书院，书院覆盖了全校本科生	西安交通大学、复旦大学、大连理工大学、南方科技大学、南京审计大学、西安外事学院、厦门工学院、温州大学、西京学院、河北大学工商学院等
		非全员制模式书院：根据学生群体的构成和遴选办法，分为年级模式书院、分学科（群）模式书院、分校区模式书院、实验班模式书院、特定群体模式书院等	清华大学苏世民书院、西安建筑科技大学草堂校区的南山书院、厦门大学博伊特勒书院等
虚体书院	没有长期入住的固定学生群体的书院。这类书院大多是为鼓励教师开展学术研究和教育培训而专门设立的机构		香港田家炳基金会支持广西师范大学、辽宁师范大学等十几所高校设立的田家炳教育书院

一、书院与学院的协作形态

书院制教育和学院制教育并非互相排斥或完全分割的关系，要想完成书院制教育的改革，应明确二者之间的关系，确定书院制教育的定位。书院制教育是对学院制教育的补充，学院制教育是以专业教育为主，以第一课堂形式开展的教育，更注重教育的教学功能；书院制教育是以通识教育为主，以第二课堂形式开展的教育，更注重教育的育人功能。书院制教育和学院制教育归根结底都是为了培养全面发展的综合型人才，其教育的核心和主体都是高校学生，因此它们在目标上是一致的，只是侧重点不同，形成了互补效应。

（一）实体书院的协作形态

书院和学院一样，都是高校内部的行政机构，且二者地位平等、彼此独立，一般高校实体书院和学院会有三种不同的协作形态，分别是书院主导型、学院主导型以及双院主导型（图5-2-1）。

图 5-2-1　实体书院和学院的协作类型图

双院主导型中，书院和学院没有明显的主次之分，二者互相配合完成书院和学院的共同建设，两院之间还可以通过领导互相兼职的方式加强沟通，便于管理，从一定程度上简化了管理体系，使人员被最大限度地利用。

在学院主导型中，学院占主导地位，书院配合学院的工作。书院属于学院的下属机构，根据学院的统筹管理开展工作，其主体性被削弱。书院实行导师制并配备相应的社区辅导员，导师和辅导员接受学院的统一管理和调配。

在书院主导型中，书院占主导地位，学院协助书院的工作。采用这类协作形态的书院有西安交通大学、苏州大学、南京审计大学等高校的书院。一般书院的最高决策机构是院务委员会，负责两院之间工作的统筹，也是书院联系各学院的重要枢纽。书院和各学院之间还会设置专门的联络人，负责各项通知的下达和书院和各院系之间的沟通，进一步提高了这种协作形态的工作效率。导师主要来自各个院系，统一由书院进行协调安排。两院定期联系，对学院和书院的日常事务进行沟通。

(二)虚体书院的协作形态

虚体书院和实体书院有所不同，并没有实体的机构，虽然也会设置相应的院务委员会，但是虚体书院不属于行政机构，因此院长并没有具体的行政级别，更偏向是一种荣誉。虚体书院和学院之间是统筹教育的关系，如图 5-2-2 所示，虚体书院也会施行导师制。书院的文化建设和书院制通识教育的发展也在一定的程度上受到院长教育理念的影响。

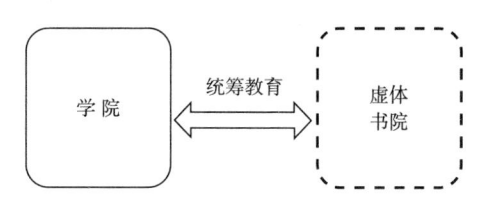

图 5-2-2　虚体书院和学院的协作关系图

书院的导师主要来自各个专业院系，书院的教学和管理以及各项活动都离不开学院的师资力量支持，因此书院虽然和学院有所分工，但是也无法分割。

二、书院和学院分工合作的具体内容

(一)书院与学院分工合作的基础与内容

1. 分工合作的基础

分工理论最早由亚当·斯密提出，起初主要用于经济领域，随着社会的发展逐渐渗透到社会的各个领域。分工是社会领域职能专业化的体现，书院和学院的分工也是基于学生培养和教学科研工作专业化发展的目的。书院和学院的作用对象是一致的，书院的成立在学院之后，可以说书院是在传统院系的基础上独立出来的实体单位，承担了部分专业化职能，并使其更充分地发挥应有的作用，使学生得到更完善的教育。书院与学院作为两个互相独立的实体单位，自成立之初就有各自较为明确的目的和工作内容。书院和学院的分工只是院校内部分工的一个体现，是为了更好地合作，为了建设更加完备的教育体系，使学生培养工作和教学科研工作都能更充分地开展，从某种意义上来说书院的成立注定了书院要与院系分工。

书院的工作侧重于学生管理，分担了传统院系的学生培养工作，这样学院就可以将更多的精力放在教学和科研工作上，这种分工既是书院成立的目的，也是二者权责划分、专业化发展的基础。书院的成立是为了更好地整合教育资源，充分发挥学校对学生的培育作用，为学生提供更广阔的平台和更丰富的资源，使学生得到充分、全面的发展。在书院和学院的分工合作下，学生能够进一步加强自己的综合实力，培养自身能力，得到全方位的提升。

传统院系将学生培养和教育科研融为一体，随着社会的发展和教育水平的提高，当代社会向教育提出了更高的要求，书院的产生本质上是为了学生的更好发展。书院与学院都是以更好地培养学生为出发点，进一步加强资源的整合和分配，优化教育模式，使教育各项资源的价值得到充分发挥，因此书院和学院的分工是为了更好地合作，是为了进一步提高资源的利用率，提升学院的科研教学工作水平，完善学生的管理工作，以学生为本为最为重要的出发点。因此，学院和书院势必是紧密联系的，书院正是因为有了学院的学术支持和辅助，才能实现对学生的综合培养。

书院是从传统学院中独立出来的一个行政管理机构，分担了传统院系的部分工作，因此在书院成立之初需要从校方到个体层面逐级探讨书院的工作方案和职责划分等事宜。书院和学院的职责划分基于其各自的建立目标，由于书院和学院的工作侧重点不同，权责的分配也会有所不同，权责的划分要以更好地实现分工合作为落脚点。因此，首先要明确书院建立的目标，它是书院发展的基础，指明了书院今后的发展方向，也是确定各项工作方案的重要依据，书院工作中的任何决定和方针政策都不能违背书院建立的目标，这也有利于明确书院和学院的职责，更清晰地进行权责划分。其次要在确定书院建立目标的基础上按照惯例分工。书院模式还处于初期探索阶段，并没有一套成熟明确的分工方案和管理方案，因此可以根据已有经验和发展目标，并参考其他的书院，进行初步分工。最后根据高校的特点和具体需求，逐步细化书院的分工，对细节工作进行敲定，并根据实施效果和学生的反馈进行调整。书院的建设并不是一蹴而就的，书院的工作要以学生的需求为核心，在此基础上对制度条例和工作方案加以调整优化，从而逐渐完善。

2. 分工合作的具体内容

学院与书院既分工又合作，二者的合作建立在以培育学生为共同目标进行分工的基础之上。学院和书院在培育学生时有着不同的侧重点，并据此进行权责划分，书院负责的是与通识教育相关的第二课堂的内容，学院负责与专业教育相关的第一课堂的内容，这样的分工既保留了传统院系的教育功能，又能使各项工作向更全面、更专业的方向发展。学院和书院各自具体的分工内容如表 5-2-2、表 5-2-3 所示。

表 5-2-2　学院主要负责事项

	事　项	备　注
新生入学	制订招生计划	
	修订培养方案和实施计划变更	
	入学编订班级	
	教材征订	
日常教学	落实教学任务	
	学生专业导师、专业班主任选配	
	日常考务管理和成绩管理	
	辅导答疑安排	
	学业导师安排及考核	
考务管理	日常成绩单打印	学生申请自助打印。超过五份，需到教务处打印
	插班生和交流成绩认定	专业院系组织认定，教务处复审
	缓考、补考	缓考审批由专业院系负责；补考由系统生成名单；缓补考的通知工作由开课院系负责通知
	重修	学生系统内申请，缴费后自动进入修读名单，需要替代重修的学生到开课院系认定
推免	推荐免试直升研究生	
毕业事宜	毕业审核、学位审核（含提前毕业申请和延期申请）	专业院系负责审核毕业资格并发放毕业（学位）证书
	结业生返校重修	学生向开课院系确认开课学期，学生直接到教务处办理返校重修手续，专业院系进行毕业和学位审核以及证书发放

可以看出，学院负责的主要事项基本是围绕着学生的学业来展开的，即学生的第一课堂内容。学生从入学到毕业的一系列与学业相关的事项基本在学院完成。

表 5-2-3　书院主要负责事项

事项		备注
新生入学	新生学籍信息核对及学籍处理（保留/放弃/取消入学资格）	书院负责。学籍变动签报主送教务处，会签专业院系和学工部
	报到注册及未报到学生核查	书院负责。专业院系具有查阅权限
	学生证和校徽	书院负责。书院负责发放学生证和校徽。学生证补办涉及更改乘车区间的，由书院出具证明
	新生入学教育（除专业教育以外）	
	学生人生导师选配	
活动开展	全校开学典礼、毕业典礼、校运会	
	心理健康教育、团学工作	
	学生党建团建、思想政治教育、第二课堂课外活动和综合素质培养	书院负责，鼓励专业院系积极参与
考务管理	四六级、计算机等级考等考试通知及学生个人材料发放	
证明审批	在学证明审批、出国境审批	

根据上述内容，书院的职责主要包括学生在校内的管理工作以及培训和课外活动的开展，主要围绕除专业课之外的通识课程教育展开，旨在提升学生的综合素质和自我管理能力。

书院与相对应的院系之间在分工上基本遵循的是书院负责第二课堂的内容，学院负责第一课堂的内容的模式。工作中还有很多事情需要二者之间的密切合作，具体的合作事项如表 5-2-4 所示。

表 5-2-4　书院和学院的主要合作内容

事项		合作方式
入学教育	新生入学教育有关培养方案介绍、外语计算机分级考试	专业院系负责，书院协助安排时间、场地
活动	院系层面入学典礼、毕业典礼	专业院系负责，书院予以协助
培养计划执行及学籍管理	试读	专业院系审核，签报主送教务处，书院备案
	交流学生选派及在他校的选课指导	专业院系负责推荐上报交流学生；书院对被推荐学生进行政治表现、心理状态的核查
	学业预警和学业帮扶	专业院系和教务处负责，书院共同参与
	考试违纪	组织考试院系和书院调查确认违纪事实，书院负责签报拟稿，主送教务处，会签专业院系和学工部。处理结果专业院系和书院共同备案

续表

事项		合作方式
培养计划执行及学籍管理	新生第一学期选课	开课院系负责，书院协助进行组织和通知工作
	第二学期及之后选课	学生自主选课，专业院系对学生进行选课指导，选课指导活动由书院协助安排时间、地点
	转专业	大批量转专业由学生在系统内自助申请，专业所在院系审核、拟转入专业院系考核。因现学业困难而申请转专业由拟转入专业考核，现专业院系签报。转专业成功名单发书院备案
	大学生科研项目申报（含教育研习）	学生自行组团，专业院系主导负责，书院予以协助
	教育见习、实习	教师教育学院负责，专业院系、书院积极协助
	奖助学金评选	奖学金评定细则由书院和专业院系共同制定；奖学金评审操作（包括申请、评审、公示）由书院组织、专业院系参与完成；助学金评审发放由书院负责
	就业（创业）工作	书院、专业院系共同负责，书院负责日常工作
	休学、复学、退学、转学等	休学、退学、复学由书院负责签报拟稿，主送教务处，会签专业院系和学工部。转专业的审核录取工作由专业院系负责
毕业事宜	毕业生学业相关材料（成绩单、学士学位证明书）存档转递	专业院系提供成绩单和学士学位证明书给书院，书院放入学生档案并进行转递
突发事件处理	突发事件处置、应急维稳	书院负责，专业院系协助

由上可以看出，书院和学院在很多方面都有合作。

（二）分工中的界限与处理方式

在分工合作中，"各司其职"是最完美的状态，不论是书院还是学院都能够按照分工规定，有条不紊地推进工作，相互之间开展合作，充分发挥各自的价值。

在书院和学院分工界限模糊且灵活的情况下，须灵活应对并采取弹性处理方式。

1.事件一：书院和学院的学生组织，学生皆可报名

高校生活中，各种学生组织和活动占据着重要的一角，一方面，大一新生在开始大学生活时，会面临着加入什么组织的选择，另一方面，书院或学院的学生组织发展的前提，就是有足够数量的新鲜血液的加入。

在这之前，学生仅仅在学院的学生组织中选择，如今又多了一项选择。同时，

作为组织方来说,自然是十分想要更多的学生报名参与,以便从中选择出更为优秀的学生充实组织。就分工而言,书院的职责是负责学生的非正式学习活动,包括党建团建、思想政治教育、第二课堂、课外活动和综合素质培养等,在这些方面,学院几乎没有实际的管理权。如果书院规定除了本书院的学生组织,学生不可以加入学院的任何学生组织,那么,就会挫伤学生加入书院组织的积极性,因此一定要尊重学生自己的选择。

2. 事件二:个人的运动会成绩可重复计算

每一年高校运动会的举办可以说是全校瞩目的盛典。在运动会上,学生积极进取,为学院争得荣誉。然而,书院的学生身份特殊——书院和学院两重身份,每年参加运动会报名是一个难以选择的问题。

这是因为,常常有着这样的规定,学生个人的运动会成绩只能计算一次,一名学生只能代表一个单位参赛。根据分工规定,学生的课外活动组织管理工作一般是由书院来承担的,因此学生报名参赛需要以书院的名义。但是,学生本身又是学院的一分子,而且参加运动会的主要力量是新入学的学生,所以对于学院来说,是非常不公平的。如果学生以书院的名义报名参赛,那么显而易见,学院几乎不会有任何荣誉。

所以,书院和学院必须同学校一起商议,采用弹性的方式来处理运动会的报名问题。也就是说,无论学生以书院名义还是院系的名义报名参加,最后成绩都属于两家共同所有。例如,A生以书院的名义参加了学校运动会,同时他又是学院的一分子,那么,最后计算成绩的时候,他的成绩和荣誉可以分别计入书院和学院,这样一来就保证了双方的利益。

相同的情况还有许多,都需要根据实际情况弹性处理。这是由于在书院和学院的工作中,分工出现交叉的情况十分常见。当这样的情况出现,特别是原本的分工并没有将所有可能的情况包括进去的时候,书院和学院的弹性处理就显得尤为必要。如何做好弹性处理,关键看书院和学院的态度,既要按照分工规定执行,又不能使某一方包揽所有。

综合来说,书院和学院以规定为基础进行分工,并采取灵活的措施来应对分工界限交叉和模糊的情况,以弹性处理方式,确保二者分工明确,各自承担各自的职责,尽力完成工作任务。

(三)合作中的隐性竞争

法国社会学教授涂尔干在其《社会分工论》中提到"两个有机体越是相似,就越容易产生激烈的竞争"[①],它们需要相同的资源并且追求同样的目标,因此很可能会成为对手。前文中提到书院和学院各自有各自的任务和职责,表面看起来很和谐,实则存在冲突。虽然书院和学院存在着不少相似的地方,且以学生培养为共同目标,但它们对学生的关注重点不同,因此不会形成激烈的敌对竞争状态。大学的组织结构与其他机构不同,存在独特的竞争特点。虽然这种竞争通常隐藏在合作关系的背后,但其仍是存在的。合作和竞争是相互依存的两个方面,在商业经营中,这种状态已经非常普遍,因此雷鲁达提出了合作竞争的概念。

1.隐性竞争中对学生的拉力作用

(1)书院和学院对学生的拉力作用

书院和学院本来应该各自发挥自己的专业特长,而不会有直接的竞争关系。然而,由于它们关注的都是学生,因此当学生在二者之间选择时,它们之间就形成了一种竞争关系。这种竞争会在学生身上产生作用,表现为对学生的吸引力和竞争力,形成一种拉扯的状态。

书院的成立给专业院系造成了压力,专业院系始终担心学生会失去对其专业的归属感,尤其是在学生的学籍从专业院系转移到书院后,这种担忧更加明显。书院成立之初,为了增强学生的认同感,学校会重点给学生讲解书院的重要性。为了减少学生与专业院系之间的疏离感,专业院系不得不采取各种措施,如提升课堂教学质量、强化本科生的专业培养等,吸引学生并促使他们更好地融入学院的学习生活。

书院采取多项措施来吸引和凝聚学生,围绕着学生开展了许多活动,而且这些活动数量和质量都比学院活动要高很多。此外,还加强了学生社区化管理,通过营造一种"家"的归属感,让学生产生情感依恋,认同书院,融入书院生活。

从当前的情况看,学院和书院之间的竞争其实是一种良性竞争,两者竞争,学生是受益的一方。通过这样的竞争,书院和学院会不断自我完善和升级,为学生提供更多更好的服务和支持,从而让学生受益匪浅。

---

① 埃米尔·涂尔干.社会分工论[M].渠东,译.北京:生活·读书·新知三联书店,2000:223.

在书院建立之初，学校为提高书院的知名度和地位，做了重点宣传，使学生将书院看得更为重要。随着书院在长期发展中，制度不断完善，数量也越来越多，力量越发强大，学校不再刻意宣传，而是强调书院和学院同等重要。同时，书院和学院也会有意识地引导学生向对方的领域发展，这并不是故意抛弃和逃避责任的做法，而是出于对教育工作者的尊重和认可，希望学生能够感受到学院或书院的价值，形成归属感，并互相支持促进教育工作的顺利进行。有些学院的教师在上课的时候，会向学生强调书院的多种优势，鼓励学生在书院的丰富资源中寻找对自己有益的资源。同时，书院导师也经常强调学生应当积极与同专业院系的教师沟通交流，并密切关注院系的学术动态。然而，与明显的拉力不同，这种推力不太明显。学生在书院和学院之间受到的推拉力如图 5-2-3 所示。

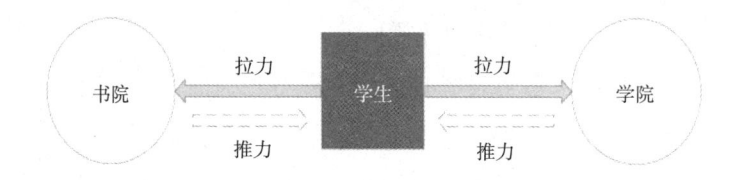

图 5-2-3　书院与学院对学生的推拉力

（2）书院中的院系对学生的拉力作用

书院中的各个院系之间也存在一种暗中的竞争关系。尽管在书院成立之前，院系之间也存在竞争，但其影响并不明显，书院的建立使得这种竞争逐渐凸显出来。书院作为相互对接的专业院系之间的联结点和交流平台，不同的合作对象和情况会带来不同的教育效果。其原因是，各院系实力不同，投入的教学资源也不同。一部分院系的实力较强，并且投入教学资源的力度也大，所以取得了较为良好的收获与效果。当面临上述情况时，实力较弱院系的学生会感受到与其他院系之间的差距，这会激励本院系不断改善和提高。书院中的院系对学生的拉力作用如图 5-2-4 所示。

图 5-2-4　书院中的院系对学生的拉力作用

无论是在书院和学院的隐性竞争中，还是在书院层面进行的院系比拼中，最大的受益者都是学生。

2. 开门办书院与关门办书院

一直以来，培养学生的重任都落在专业院系的身上，书院的建立打破了这一传统。在过去，学生接受专业院系的培养，并在该院系注册学籍，但书院成立以后，学生的学籍移到了书院。学生管理权的转变促使院系深刻反思与探索学生培养方式，同时也对书院的态度和智慧提出了挑战。

如果书院坚持本位主义，认为学生的管理权属于书院，学生的一切都应该由书院来负责，专业院系只需完成教学和科研任务即可，这种行为模式表明书院采用了封闭式的管理方式，是"关门办书院"的表现。

"关门办书院"这种建院理念虽然看似可以加强书院与学生之间的联系，增强学生对书院的认同感，但实际上会削弱学生自主选择和分辨的能力。同时，这种建院理念也会导致书院与院系之间的恶性竞争，并与书院创立的初衷背道而驰。

书院的设立旨在为学生创造更广阔的舞台，拓展他们的视野，培养其开放包容的多元世界观和价值观，提高他们的跨文化沟通能力。因此，书院应该敞开门户，以开放的态度接纳外界，使书院教师以相同的开放包容的态度来培养学生。

"开门办书院"意味着书院采取开放的态度对待学生，不仅将其视为自己的学生，更尊重学生的多元选择。即使学生选择离开，书院也应该不断开放自己的大门。

书院管理采取"开门"或是"关门"的不同态度，是书院面对与各院系之间的潜在竞争而采取的不同策略。目前书院以开放、合作的态度，应对与学院协作的需要，在管理学生和开展第二课堂方面，与学院进行积极交流，共同协作，以达到更好地培养和管理学生的目的。

三、书院与学院调整磨合分工合作

（一）分工合作下的不同群体

两院的分工合作对学生、教师、管理人员等不同群体产生了不同的影响，而分工合作所带来的好处也在这些影响中得以体现。

1. 学生

（1）学生的归属感在两院之间徘徊

归属感是一种社会心理现象，包括对组织的情感依恋、高度的承诺和忠诚度。学校认同感（School Identification）是学生对自己所在学校的情感认同，是一种情感体现。古德诺（Goodenow）是归属感研究领域的重要学者，他的研究主要聚焦于中小学生，特别是对班级归属感及其相关影响因素的微观探索。在中小学生成长的过程中，他们对所在学校或班级的归属感至关重要，这种感觉与他们的学习动力密切相关，大学生在校期间同样如此。一项研究表明，他们的学习动力、学习投入和面对困难任务时的持续努力会受到班级归属感的显著影响。

大学生的归属感受到多个因素的影响，包括但不限于自我效能感、内在动机、价值观等个人方面的因素，以及教师对学生积极参与各类活动的支持程度、校园文化氛围和大学在社会上的声誉等外部因素。在学校中，学生就像身处一个缩小版的社会，作为社会中的一员，他们有着内在的渴望和需求，希望被特定的群体接纳，从而获得归属感和认同感，这是一种想要被别人欣赏、赞同并认为有用的内心感受。学校归属感以及组织归属感是构成大学生归属感的主要要素。培养学生的归属感，有助于他们建立信心、构建良好的人际关系和身心发展。书院的初衷也在于此。

学生被分配到某个学院接受教育时，他们的归属感往往是稳定的，会自然而然地认为自己属于该学院。然而，随着书院制度的兴起以及学生管理工作的重心转移至书院，学生的归属感发生变化。大学新生在进入校园后会经历一段归属感漂移期，这种现象在书院的新生中尤为突出。因人而异，有些人的归属感漂移期长达一个学期或一年，而有些人则只需要几周时间就能过渡完成。研究表明，初期学生的归属感徘徊于书院和学院之间，其游移程度和稳定性与这两个单位对学生投入的程度成正比，也就是说，对学生投入得越多，学生对其的归属感就越强。然而，经过一段时间的归属感漂移期后，学生开始逐渐稳定，归属感出现了分化的趋势。

在这种情况下，学生更倾向于通过认同专业知识和参与专业课堂教学来表达对其所属专业院系的归属感，而对书院的归属感，更多体现在参与书院生活和组织活动上。进入大学后，随着学生自主支配的时间增多，他们开始重视课业以外的事情，参与课外活动的时间和频率明显增加和提高，且对于这些活动的组织和发展也更加投入和关注，对书院的归属感会得到极大的巩固。我们发现，书院的学生普遍会在身份认同上经历一个渐进的过程：从弱到强、从模糊到清晰、从多元到核心。

书院是一个相对较新的组织形式，因此在进入书院之前，学生对书院了解不多。与非书院学生相比，书院学生在最初阶段归属感较为模糊，还没有明确归属到具体的组织之中。

刚开始进入书院时，由于学院内学科的相似性，学生对学院的归属感更强。但是，经过一段时间之后，学生对于书院身份的认同会逐渐增强并稳定下来。很大程度上，这种认同是基于个人的参与感和受到关注的程度。随着书院学生参与书院组织活动的增多，日常生活与书院融合得更加紧密，人际交往范围扩大，他们的归属感也在不断增强。在双院制管理下，他们对自己的身份认同也从模糊不清逐渐变得明确和分化。

理论上学生可以平衡归属感，让其在书院和学院之间平均分配。但是，研究表明，大多数学生的归属感会有所偏向，即他们对于书院的归属感要比对学院的归属感更强烈。因此，归属感的天平并不完全平衡。

学生会逐渐偏向某一方，最终在二者之间作出选择。尽管校方和院系更希望学生能够在两者之间保持平衡。书院和学院都希望通过合作共同培养学生，但是受限于时间和精力，学生往往需要在两者的教育活动中选择一个，最终形成特定的归属感。在某种程度上，平均分配学生的归属感只是一种理想化的想法。

（2）面对更多资源时的选择困难

书院和学院合作后，学生受益更多。当学生进入院系接受教育时，主要利用的是本院系提供的资源和设施。当学生在书院接受教育时，可以使用的资源不仅限于本院系，还包括书院以及其他院系。

书院和学院的合作使得学生能够享受到更为丰富的资源，而且这些资源并非简单地相加，而是具有规模效应。这个规模效应有两个部分：一是成规模地集中爆发，二是不同学院之间的优势共享，彼此补充不足。成规模地集中爆发，指的是当不同院系和书院的资源相互融合时，会产生规模效应，从而达到 1+1＞2 的效果。如举办一场读书讲座，如果在某一特定院系进行，比如中文系，那么这场讲座只能从中文系的角度来呈现。然而，如果在书院举行，就能够将文学、历史、哲学，甚至是语言学等不同领域的专业知识融合在一起，从而透过不同领域的视角拓宽学生的知识范围和认知视野。实际上，许多学校的书院所开设的通识课程都是为了利用这种规模效应。

不同院系之间存在优势互补现象，这是因为它们在学生培养目标和方式、专业特性、发展历程等方面存在差异，因此在开展具体事务时会产生不同的效果。在过去，不同院系各自培养学生，然而，在学生被集中到书院培养时，每个院系都需要遵守一定的标准。在书院创立之前，有些院系已经满足了这个标准，而另一些则还未达到。此时，前者会继续保持势头，而未达标的院系会受到激励，不断努力争取进步。除了书院与院系之间的合作，院系之间也应该展开深度合作，这有助于使不同院系之间的资源更加地均衡分配，从而使得学生可以受益于更丰富、更全面的资源和平台。

2. 导师

在书院中，导师的作用至关重要，他们不仅是书院的灵魂，更是书院与学院合作不可或缺的一部分。如果没有导师，书院就变成了一个学校内部下设的小学工部，这与建立书院的初衷相悖。实际上，无论是国外还是国内，早期的书院中导师都占据着核心地位。比如，英国住宿式学院中的"喷烟的导师"；中国古代传统书院中的"山长夫子"等。可以说，现代大学书院其实是延续和弘扬了传统导师制度的精髓。

即便如此，现代导师与古代导师也是有所区别的，最大的区别就是导师定位的模糊性上。尽管他们都被称为导师，但是不同书院之间的具体称谓存在差异。在某些书院中，导师被称作"兼职导师"，而在其他书院，则被称作"人生导师"。这不仅仅是名称不同的问题，更是对导师背后的工作内容和职责不同的反映。

同时，很容易出现书院导师活动与学院导师活动重叠的情况。某些大学内的书院，本科生的导师已经被分配到了院系里。虽然每个院系对本科生导师制的执行方式有所不同，但有些院系的导师制体系非常完备，成熟度很高，是该院系人才培养模式中的特色和亮点。也有一些院系的导师制存在名不副实的情况，导师并未充分履行其职责。所以，如果书院的导师制定位不够明确，就会导致导师活动与院系的导师活动发生重复或交叉，甚至会使导师制失去自己的特点，难以长足发展。大学进行书院制改革,很大程度上是受到国外的启发,国内高校并没有充足的经验可以参考。在这种情况下,书院的导师制需要充分突显本书院的特色,而不是照搬照抄,避免产生同质化现象。即使在同一所学校,书院所对接的院系也会不同,因此每个书院的导师制应该根据其自身特点来设计和实现。

(二)在分工合作中两院的问题

1. 沟通成本增加

信息共享是组织协作的重要基础,而在分工合作中,两院沟通难度大阻碍了共识的达成。如果沟通不充分,合作就无法顺利进行。信息沟通是组织中所有活动的基础和关键。在组织的信息沟通过程中,每个成员都扮演着信息传递的双重角色:他们既是信息发送者,也是信息接收者。在企业管理领域中提出的沟通成本(Communication Costs),指的是信息交流过程中所产生的费用。

信息的传递渠道大致分为正式和非正式两类。正式与非正式之间的区别,在于信息传递是否受到组织结构和管理层级的限制。如果信息传递没有受到这些限制,直接在成员之间进行,则属于非正式渠道。当书院需要与多个专业院系进行协作时,它必须与这些院系建立沟通渠道。这种沟通渠道既可以是正式的,也可以是非正式的,但无论哪种的沟通成本都比各专业院系内部的沟通成本高得多。以前,除了学校层面的联系,专业院系里的老师通常只在本院系范围内相互沟通,相对来说,沟通的人员数量、规模、程序和过程都较为简单。相比之下,书院需要与多个专业院系沟通,因此书院内部的沟通只是其中的一部分,还需要进行与其他院系的外部沟通。书院需要对接多个专业院系,需要与这些院系频繁沟通,不断重复工作,进而导致工作量的增加。

信息失真会增加沟通的成本。信息在传递过程中会发生失真,这是无可避免的现象。尤其是当信息需要经过多个渠道和环境才能到达接收者时,失真就会更加明显,导致沟通效果受到影响。

学生是书院和学院合作的重要核心,促进学生的学业发展是双方的共同任务。尽管书院并不负责实际的教学工作,但它仍然有督导职责,并且书院还设有学术指导小组或学术发展中心等组织来支持学生的学业发展。在过去,一个学院只需要关注本学院的学生,而现在书院需要对接许多不同的专业院系,所需开展的工作数量和规模大大增加。由于不同院系的特点不同,所以工作的要求和指标也不同。因此，沟通工作不仅仅是重复的，而且需要不断变化，这样会增加沟通成本。当书院与院系合作举办活动时，活动规模和影响力会得到提升，但也需要承担更多的工作量，尤其是需要与不同单位进行对接和沟通。

书院的建立导致许多工作效率下降。然而，也有人认为在提及效率问题时应该注意，书院和学院的目的是培养学生，不能仅追求效率。应该考虑到所采取措施的实际效果和影响，不应仅仅根据企业的管理和经营理念来要求大学组织的管理。跟学生最后的受益比起来，教师并不在意自己的辛苦和疲劳。与此同时，也有人认为这种需要花费较高沟通成本的情况在书院初建时期是必然经历的阶段。由于一切都还处于探索之中，中间难免会遇到一些障碍和困难。相信随着相关机制的不断完善，这种沟通成本高的局面会逐渐得到改善，并且真正实现高效沟通。

2. 1+1 的合作不一定为 2

书院和学院是两个实体单位，它们的合作可以视为一种 1+1 的合作方式。但是，我们不能确保这种合作方式可以达到 2 或者超过 2 的效果。从合作互惠的角度看，我们都期望通过书院与学院的合作实现 1+1 大于 2 的协同效应，使学生能够获得更多的资源和更广泛的发展机会，同时让双方都受益。

当 1 和 1 相加等于 2 时，表示它们的合作达到了及格线和标准点；当超过 2 时，说明它们的合作取得了更多积极成果，超越了原先预期的效果；如果小于 2，说明书院和学院的合作效果并不尽如人意，未达到预期的良好效果。尽管书院与学院的合作效果无法精确量化，但从主观感受上来看，差别相当显著。虽然书院和学院合作的总体效果是积极的，能够创造出大于单独两者之和的良好效果，但是也不容忽视有些合作的效果不够理想，没有达到原本预期的效果。

书院和学院合作的初衷在于为学生提供更加多样化的资源，扩展资金来源，使得学生不仅可以获得来自其所在院系的资源，还能同时享受来自书院和其他院系的资源，从而使学生受益更多，使其能够接触更广泛的学术和文化体验。事实上，很多时候学生面对如此丰富的资源时，所表现出来的很多情况是"鱼和熊掌不可兼得"。提供充足的资源是书院的基本职责之一，而学生如何利用这些资源，则因人而异，这种情况并非书院产生后才出现，因此并不需要过分担心。当然，两院合作的愿望是能够合理运用资源并让学生获得最大的好处。

四、两院协作优化的策略

当前,高校书院制度改革依然处于探索时期,在这条未知的探索之路上必然会面临许多挑战。

尽管现代大学的书院制建设是一个新兴的概念,但实际上其源远流长,受到了英美等地住宿式学院的影响,不论是在形式上还是内容精神上都对其有所借鉴。这些高校住宿书院和学生管理模式的出现和发展,为中国当前的高校书院建设提供了重要的借鉴。在推进书院制改革的道路上,我们可以向国内外的知名高校学习,并从中获得灵感与启示。

1. 书院与学院精准分工

要想使书院和学院之间的合作更加高效,必须确保它们的定位和职责明确,这样才能使双方分工清晰,协作更加高效。

学院和书院分别承担着学生的专业教育和通识教育,即第一课堂和第二课堂的教育责任。同时,学院为了保持自身学科地位还承担着科研的学术职能,这意味着书院和学院的发展必定沿着不同轨迹前行。

为了使书院获得更长远的发展,其需要有明确的定位,并寻找自身的优势和特色,进而创造自己的文化品牌和标签。随着推进书院制改革,书院的同质化趋势逐渐增强,特别是在同一所学校内,不同类型的书院之间差异会越来越小。然而,如果一个书院要想持久而稳定地存在下去,并减小被其他机构替代的可能性,就必须具备特色。在一定程度上,同质化是书院发展的基础,然而,只有异质化才能开发书院未来的发展潜力。

这里所说的书院发展异质化,指的并非书院举办活动种类的不同,而是表现在更深层次的方面。事实证明,当活动种类达到一定数量时,它们产生的效果是相同的,都是为学生提供锻炼沟通、组织、领导和协作等综合能力的机会和平台。因此,仅仅通过不同种类的活动并不能完全展现书院的特色。书院异质化发展,需要注重打造自身独特的特色,尤其是独特的定位,并在此基础上展开发展之路。

在书院中,由于各专业之间的近似性、文理融合的需求或者是特定群体的汇聚,会形成多个不同的院系。书院的特色来源于其所包含的各个专业院系的独特之处。书院需要结合专业院系的学科特点，确定自身发展方向，突出自身的优势，才能形成独特的书院特色。这是书院确立自身地位和实现长期发展的基础。

书院特色的核心在于其独特的办学理念和目标，这是其所有活动的出发点和灵魂。书院的各种形式和举办的各种活动，都要体现自身的特色和内涵。一旦书院明确了其培养目标和办学理念，并确定了自身的定位，它的精神将融入学生的思想中，形成独特的书院文化。

例如，香港中文大学的各个书院都有独特的特色，并呈现出独特的文化氛围。西安交通大学是较早实施书院制本科生全覆盖的学校，其每个书院所拥有的精神和文化都是独一无二的。

2. 建立全方位的沟通渠道

书院和学院间的交流和联络直接影响两院合作的效果，所以如何构建一个全方位立体式沟通渠道，是处理两院合作的一个重点，也是书院制改革中的一个重要内容。书院和学院的地位关系，在不同高校中有着很大的不同，有些是书院占主导地位，有些是学院占主导地位，还有些是两院地位平等，或两者地位不断变换。但是无论具体状况怎样，要想确保两院之间协作关系良好，就需要确保沟通联络渠道的顺畅无阻，同时还要不断去建设与改善沟通环境。

随着大学书院的设立，书院与学院之间不可避免地出现一对多，甚至多对多的交往，形成一种错综复杂的关系。在这样错综交织的关系中维持原来的工作效率，并且在原有基础上提高效率，成为两院共同面对的课题。前文曾指出，书院初创阶段两院协作背后沟通成本较高，这种情况会长期伴随着书院制的改革进程。

所以，为方便信息的交流，需要建立相关的沟通渠道乃至组建一个较为完整的沟通联络体系和网络。具体做法可以是设立院务委员会作为书院最高决策机构，由书院与学院有关负责人共同组成，这种方式可有效增进双方沟通。另外，两院负责人还可以互相兼职，用这样的方式了解对方的动态和计划，这也是互通信息、增进联系的一个重要途径。书院的领导可以同学院的党委（副）书记对接，而学院的教务长则可以同书院的主任等对接。也可设立联络人，由专人负责书院、学院之间的交流、协调、联系，该联络人可以由辅导员、班主任，或者对应的（副）书记、（副）院长等相关人员来担任。推行导师制或配备社区辅导员亦不失为一种行之有效的途径，导师制本就是两院联合过程中的一个重要内容，增强导师与两院之间的交流和联络有利于两院协作效率的提升。

建立沟通渠道必须有物质保障，这是建立沟通渠道的基础。书院能够建设到多大规模，有多大体量，书院和学院之间合作的效率如何等，从某种程度来说都取决于改革背后的物质基础。俗话说得好，"巧妇难为无米之炊"，书院创建的目的是给学生们提供一个更加宽广的成长空间，为他们的养成教育提供更大的展示平台，而这种更广阔的平台需要更强大的物质基础来支持它。相较于之前在各个专业院系组织的活动，书院在组织这些活动时需要投入更多的资金和努力，如同样是访问，书院需要比专业院系多几倍的经费。同时要想使学生综合能力有一个较好的提升，需要给他们提供多种活动与活动中心，而在这些背后需要有足够的资金作为后盾。并且书院建立导师队伍、聘请嘉宾等事宜也是一笔不小的支出。所以，充足的经费是书院得以发展的一个重要保证。

学校的各个功能部门强有力的支持也很重要。书院的建立导致了学校内部组织构架的细微调整。书院进行社区化管理时，必须与学校的后勤和其他职能部门保持紧密的合作关系，同时，书院在辅助学生学业方面也需要学工、教务处等相关职能部门的全力支持和配合。对于书院这样规模较大的机构，学校的相关职能部门需要采取相应的措施来提供支持和保障，提供更方便、更高效的服务，从而尽可能减少工作成本，提高工作效率。

3. 建设专业的学生事务管理团队

书院的建立使原先专业院系中大多数管理学生的任务被独立出来。许多学校推行书院制改革的初衷是希望能够由"专业的人来做专门的事"，这样专业院系就可以安心从事学术和科研活动，而书院则可以专注于学生的管理和价值观念培养。实际上，各个专业院系通常都愿意把这些复杂的学生事务管理任务转交给其他部门，从而让自身的工作内容更加"纯粹"。为了确保问题不是简单的转移，关键是拥有解决问题的策略和手段，以及具备解决问题能力的个体。这无疑为书院的团队建设设定了更高、更专业的标准及要求。

辅导员团队需要向着专业化和职业化方向发展，这不只是国家对辅导员职业成长的期望和标准，更是实现"专业的人解决专门的事"塑造书院的专业团队的必由之路。书院的发展需要有专业人才的支撑，包括心理健康和职业生涯规划等方面。例如，考虑到学生的心理健康成长，书院需要配置专门的心理咨询教师，或者对辅导员的心理健康知识和相关技能进行评估。需要具备专业能力的职业生涯规划教师，为学生提供关于职业生涯发展的专业指导。在这支强大的队伍的支持下，书院才能够更好地为学生提供全面的成长环境，其创立意义才能得到充分体现，从而实现"专业的人做专业的事"的理想愿景。

在这个方面，美国的学生事务管理经验具有很大的参考价值。美国高校的书院在继承了英国传统书院教育模式的基础上，进行了相应的调整和发展，形成了独特的模式。经过一个多世纪的实践和探索，美国高校的学生事务管理经历了从替代父母制（in loco parentis）到学生人事服务（student personnel service），再到学生发展（student development）的转变，并最终确立了学生事务管理专项分工模式。在这一专项分工模式下，学生事务部门按照学生的不同需求，根据具体的工作任务来进行明确且细致的职责划分。在这个体系中，学生宿舍不仅仅是住宿的场所，更是培养学生综合素养的沃土。在学生事务部门和学术部门的合作推动下，美国的高校逐步构建了一个以学生宿舍为中心，包括学生活动等多种方式的，多样化的住宿式学院模式。

这些住宿式学院有很多不同的名字，如住学中心、学习社区、住学社区等，甚至形式也是多种多样的，但它们本质上是相同的模式，都是连接宿舍和课堂，教师积极参与，对大学生的课余时间进行管理和引导的组织方式。住宿式学院的特点就是将生活融入学校教育之中，确保学生在一个身心健康的环境中全方位地成长。这与美国的"发展学生"的理念是一致的。基于美国学生事务管理的核心思想——"发展学生"，教育者们普遍认为，我们应该更多地关心学生的个人成长，尊重他们的个性，完善他们的人格，并将课堂教学与课外活动相结合，从而全方位地促进学生的发展。

为了给学生提供令人满意的服务，美国的高等教育机构经过不断探索和发展，已经基本建立了一种规范性的制度管理和专业人员管理相结合的学生事务工作管理模式。其最重要的特点之一就是建立了较为完善的学生事务管理组织结构体系。作为一个专业领域，学生事务管理在各个高等教育机构中都有其特定的部门和机构。通常，负责学生事务管理的是副校长。在他的领导下，有多个主任，包括招生主任、就业主任、住宿主任、体育运动主任、咨询主任、健康服务主任和注册主任等。同时,根据其职责和分工,设置了初级和中级两个级别,以共同管理学生事务。学校还设立相应的专职或兼职工作人员。为了确保员工服务的质量,美国的高等教育机构高度重视管理人员的专业培训,并且其在职和职前的培训体系也相当完善。美国高校设立了专门管理机构来负责学生事务,并由专职或兼职人员组成一个统一协调的组织机构——高校学生事务部,从而形成"一人主管"模式。这一管理模式具有明确而细致的分工和高度的专业性,几乎覆盖了学生学习、心理健康、日常生活、职业发展等多个领域,确保了对学生需求的有效满足,同时也体现了人本主义的理念。在这样的学生事务管理模式中,书院的管理活动获得了极大的支持。

第三节 现代高校书院发展评价体系

一、书院全评价体系及其要素

(一)全评价体系

"全评价"体系由南京大学叶继元教授于2010年正式提出,该体系是在详细考察了国内外近年来的评价实践基础上概括出来的,既考虑了自然科学评价的特点,又注重人文社科评价的特点,既有相对稳定的分析框架,又留有动态的发展空间,一经提出,就引起强烈反响,得到学术界的一致认可。如余三定在其文章《关于我国新时期学术评价讨论的评述》中提到"形式评价、内容评价和效用评价的'三位一体'组合的观点,既具有创新性、学理性,也具有较强的可操作性"[①]。

全评价体系认为一项客观全面、科学有效的评价应对评价主体、评价客体、评价目的、评价标准及评价指标、评价方法、评价制度这六个要素进行考量,其中评价目的是龙头,它决定着其他五大要素的选择。同时,该体系把常用的定性评价和定量评价二元评价体系扩展为三维评价体系,即形式评价、内容评价和效用评价。形式评价是对评价对象的外部形态进行的评价,是定性或定量的评价。

---

① 余三定.关于我国新时期学术评价讨论的评述[J].云梦学刊,2011,32(2):5-12.

内容评价是对评价对象实质性内容的评价，常常用文字评语来表达。效用评价是对评价对象的实际贡献、社会和经济效益、应用结果、人们思想变化等的评价，它依赖于一段时间或较长时间的评价，是"进行时"或"未完成时"，可以用数字也可以用文字来表述。

全评价体系将传统的二元评价方法即定性评价与定量评价扩展为形式评价、内容评价和效用评价三维评价，既体现了多维评价，又体现了过程性评价，具有较高的科学性。

（二）"全评价"框架下书院评价要素分析

1. 评价主体

评价主体可以定义为主导评价过程的个体或团队，由于其性质、立场、态度和视角的差异，不同的评价主体的评价焦点和结果会有所区别。在现代大学书院评价中，评价主体可以是大学或书院本身，也可以是在书院学习和生活的学生或教师。但是，即使大学或书院是评价的主体，也应该从学生的角度出发进行评价活动，这样才能更真实地反映学生的需求。在进行书院评价时，需要综合考虑各方需求，平衡不同主体的关注点。对于大学、书院和学生这些不同的主体来说，他们对书院的评价是基于各自的视角和需求，评价的重点有所不同，这也意味着评价的结果会有一定的差异。因此，书院评价应坚持评价主体的多元化，从不同的角度出发评价协同育人的效果。

2. 评价客体

评价客体是指评价过程中评价主体所要评价的事物及该事物所包括的各项内容，是评价的具体对象。书院评价中评价客体就是书院的硬件设施、活动、课程、育人效果，兼顾形式、内容、效用三个层面，力求全面、详细地对大学书院进行评价。

3. 评价目的

评价目的是整个评价过程的关键所在，具有指引评价工作方向的作用。评价目的是龙头，决定着评价主体、评价客体、评价方法，厘清评价目的，评价才能有的放矢、有条不紊。现代大学书院的评价目的就是对书院的各种属性及其育人效果进行检测，对书院的条件与设施状况、功能、价值及其发挥的作用和对学生需求满足程度的评估，并反馈各种信息，从而制定书院建设目标与方案，为书院建设与发展提供客观依据，使书院更好地为学生发展服务。

4. 评价标准和评价指标

评价标准是评价主体在评价工作过程中所要遵循的基本准则和要求，是应用于评价客体的价值尺度和界限；一般的评价都应遵循客观性、全面性、科学性、合理性、系统性等准则。

全评价体系中的形式评价、内容评价和效用评价分别从不同的方面对客体进行评价，满足了评价标准所要求的客观性、全面性、系统性等准则。按照"全评价"理论，书院评价标准应当分为以下三个层面：形式标准、内容标准、效用标准。

评价指标是评价标准的细化。每一个评价指标都是对于评价客体某个属性或某些属性的概括。根据书院的形式评价、内容评价和效用评价的分析，可以把里面的每一个概念细化，从而对书院的所有属性进行概括。有些属性有明确的含义是可以量化的，但有些目前很难量化，就只能利用一些程度词来进行定性描述。根据这些细化的指标就可以构建书院的评价指标体系。

5. 评价方法

评价方法是指评价中使用的工具或手段，包括专家意见法、德尔菲法、加权求和评分法、指数加权求和评分法、系统分析评价法、模糊评价法、分层评价法、因果评价法等。评价方法的选用，受评价目的、评价内容、时间、技术等客观条件的制约。叶继元先生受"全信息、全知识理论"的启发，由"全评价"分析框架中的形式、内容、效用要素推理概括出形式评价法、内容评价法和效用评价法。

6. 评价制度

评价制度是为了保证评价活动顺利进行，要求有关人员共同遵守的规程。

二、我国高校书院评价指标体系设计

（一）我国高校书院评价指标体系框架的确立

目前，我国很多高校都建立了书院，这些书院有一些共同点，如以学生宿舍为管理平台，建构了书院运行的组织机构，由相应的活动设施，开展了各种丰富而有益的活动。但是否每个高校的书院都应该坚守同一种标准、同一种模式呢？

书院作为一种培养人才的新模式，其发展前景被各类高校认可，无论是重点院校还是普通院校、高职高专都在建设书院。但是现代意义上的书院概念，目前没有一个公认的明确定义。多数研究者在使用书院这一术语时，也往往不对其内涵加以限定。这种不加区分的使用会使人们低估实践中这一概念的多义性和动态性，也进而使针对不同高校书院制度的比较研究，以及高校对"先进书院模式"运行经验的借鉴失去基础。

一所高校是大学还是学院，存在一定的标准；一所大学是单科型还是综合型，亦有一定的标准。高校书院建设亟须设置可供参考的标准来评估某一组织形式是否是书院，或者对某个书院的组织质量作评价。将各类书院的共性特征抽象出来，就可以建立适用于不同类型书院的质量评价指标体系通用框架。院校在建立书院时，可根据各自的理念、人才培养的侧重点，建立各有特色的书院，使各校的书院同中有异、异中有同。

本书在总结香港中文大学、台湾清华大学、复旦大学、西安交通大学、深圳职业技术学院等一批率先建立书院并取得一定成就的高校的经验的基础上，结合全评价体系，构建了书院的评价指标体系框架。

本书的中国大学书院评价指标体系的构建经过了以下阶段：第一步，针对大学书院进行理论研究，确定中国大学书院的要素；选取香港中文大学、台湾清华大学、复旦大学、西安交通大学、南方科技大学、深圳职业技术学院等一批率先建立书院并取得一定成就的高校的书院，从中提取书院建设中的共同要素。之所以选择这些学校的书院，一是因为这些学校的书院建立较早且取得了一定的成效，二是因为这些书院涵盖范围广，具有一定的代表性，三是因为随着探索书院制的高校类型日趋多样化，从最初的重点本科院校逐渐扩展到普通院校、民办院校和职业院校，故所选取的书院既要有重点院校的书院，也要有高职院校的书院，使评价体系能契合各级各类高校。第二步，依据全评价体系，将书院要素指标化，设计出中国大学书院评价指标体系、评价标准初稿。全评价体系强调对事物的评价要关注形式、内容、效用三个维度，因此将形式指标、内容指标、效用指标作为书院评价的一级指标，然后对一级指标进一步细化，初步形成评价指标体系。第三步，运用德尔菲法进行专家调查，将设计出的中国大学书院评价指标体系初稿用邮件的形式发给专家，征询意见，然后回收汇总专家的意见并进行整理综合并优化初稿，随后再分别反馈给专家，再次征询意见。这样经过多次反复，逐步确立本书的现代大学书院评价指标体系框架。

（二）书院评价指标体系的具体标准

选取国内比较有代表性的书院，将书院的共性特征抽象出来，并结合全评价体系，结合专家的建议，经过反复修改，最终形成了书院指标评价体系。

该体系包含一级指标三个，分别是形式指标、内容指标、效用指标。书院的形式指标，就是对书院所表现出来的外部特征进行评价的维度，主要包括对书院的基础条件与设施、经费、师资等进行评价；内容指标就是对书院的组织架构体系、课程、活动、文化熏陶等内容质量进行评价的维度，其大多是一些定性的指标，是对书院所提供的管理服务等的直接评价；效用指标就是学生在书院学习、生活一段时间后，对学生所受影响进行评价的维度，可以准确地反映出学生对书院的课程、活动和软硬件环境的需求，书院可以据此调整建设方向和服务内容。一级指标涵盖了对书院软硬环境的评估，同时也包括对书院运行效果的评估。二级指标是一级指标的进一步细化，每个一级指标下设3个左右的二级指标，每个二级指标下设具体的三级指标，所有三级指标可被称为"基础三级指标"，三级指标是对书院共同点的归纳。在三级指标之下，还设计了具体内涵（观测要素），以便对照要素对书院进行测评。

1. 书院形式评价中的指标体系

形式指标主要包括硬件设施、经费、组织架构，这是书院存在、运行必不可少的。任何机构的存在和运行都需要一定的物质基础和组织架构的保障，书院也不例外，故形式指标是书院存在的基础，是任何一个书院评价体系都要有的硬性指标。

不同书院在硬件设施方面虽然存在一定的差异，但也具有一定的共性，除了提供基本的住宿功能和生活设施，还为学生提供自习室、交流室、图书馆等学习设施，健身房、多功能活动室、艺术乐器排练室等娱乐休闲设施。书院具有传统的宿舍所具有的住宿功能，但在宿舍安排上和传统宿舍有很大的区别。传统宿舍都是分专业住宿，不利于兼容多元文化和价值观的包容和兼容，书院的住宿为混宿制，这种模式打破了专业壁垒，实现了专业互补，兼容了不同价值观和文化，同时也促进了书院文化的形成。王兴立、倪林英对书院混合制宿舍和传统分专业住宿的凝聚力和融合度做了调查，发现书院混合制宿舍的凝聚力指数、融合指数比传统分专业宿舍均具有显著性提高，因此混宿制是书院育人的一大特色。书院相比于传统的学生宿舍，还提供了很多利于学生发展的设施设备，为学生创建了和谐、舒适、充满人文气息的学习和生活环境。书院是融文体活动、学习和生活服务等诸多功能于一体的学生社区。因此，书院需要相对独立的物理空间，并配备相关的生活、学习、体育娱乐休闲设施。

很少有高校提及书院的经费情况，一定的经费支持对书院的发展至关重要，书院的经费使用情况、经费来源以及是否有长期的、稳定的经费来源渠道都会影响书院的发展和育人效果。

各书院的组织架构大同小异，都设有院长、副院长等行政管理团队，实行导师制，导师队伍分为常任导师、学术导师、生活导师、大学长，并设有学生自我管理组织。完善的组织架构是书院学生管理目标得以实现的组织保障。书院院长和导师是现代大学书院的核心和灵魂。书院的建设和发展与书院院长有着密切的关系，院长对书院教育理念的认识直接影响到书院的品牌和特色。

导师制是书院制的灵魂，导师作用的发挥关系着书院育人的效果。书院制力图通过导师制和教师入住学生宿舍等措施，增加师生的交流机会，引导教师更加关注学生成长，加强学生生涯规划指导。未来书院的建设要更加关注导师制方面的问题，生师比、导师的专业化程度、导师投入度都会影响书院的育人成效，因此书院要采取措施提高导师的专业化程度、加强导师对书院的投入。

书院设有学生自我管理组织，由学生民主选举产生学生社区管理委员会，围绕实现学生的"四自"，即"自我教育、自我管理、自我服务、自我监督"开展工作。书院让学生自主地去组织各种文体活动，让学生在自我服务中得到锻炼，增长才干，并学会自我教育和自我管理。

下面通过分析香港中文大学、台湾清华大学、复旦大学、西安交通大学、南方科技大学、深圳职业技术学院的书院，提出书院设置的形式指标下的三级指标及其具体内涵。形式指标反映了书院运行的外在形态，是书院是否构成"书院"的重要参考依据。如表5-3-1所示，为现代大学书院形式评价指标体系。

表 5-3-1　现代大学书院形式评价指标体系

一级指标	二级指标	三级指标	具体内涵（观测要素）
形式指标	文化标识	书院命名	书院名称具有独特内涵，并和以学科命名的专业学院有显著差异
		文化符号	书院具有院名、院徽、院训等较为统一的文化标识系统；文化标识具有较为丰富的文化内涵
	运行机制	组织架构	书院主要面向本科层次的学生培养；书院有健全并相对独立的实体性组织架构；知名学者或专家担任书院院长
		住宿体系	书院学生实行全员住宿制；入住书院的学生宿舍实行混合式编排；单体书院应至少包括 2 个专业、2 个年级的男女学生；单体书院的学生规模一般不超过 1000 人
		导师队伍	书院建立一支多元导师队伍；专任教师是导师队伍的主体性力量；业务型导师负责书院学术性活动的组织开展
		学生组织	书院建立学生自我管理、自我教育、自我服务、自我监督的学生组织体系；书院成立形式多样的学生社团，服务学生成长；书院组织建立经常性活动机制，形成联系紧密的学生社区
	保障条件	物理空间	书院拥有相对独立的学生住宿社区；书院住宿社区形成与书院文化标识系统相匹配的文化环境布局
		硬件设施	住宿社区有健全的学习、活动、交流场所；书院对场地设施等具有相对独立的使用管理权
		经费保障	书院建立多元筹资渠道，确保书院能够稳定运行

2. 书院内容评价指标

书院都秉持通识教育模式，通识教育是一种完整的人才培养模式，它包括教育理念、培养目标、专业设置、课程安排、教与学的方式、学业评估、学生管理等一系列重要内容。各个书院因培养目标的不同，进行的课程安排、活动组织都会各有侧重。内容指标是反映书院建设运行状态的重要指标，其下设目标理念、课程体系、活动组织 3 个二级指标。

书院独特的人才培养目标源自书院独特的教育理念和文化。书院的名称、院训、楹联、标志色等都源于特定的文化，暗含着书院的文化底蕴、核心精神、教育理念、培养目标和对学生的希冀，是对文化的传承和对学生的文化熏陶，具有特殊的价值意义。它每天都在向学生传达书院精神与集体归属感。

在教育理念方面，书院与大学的其他机构具有很大的不同。不论是行政管理部门还是学科专业学院，少有明确宣示其理念、宗旨的。而书院自其建立之日便确立了教育理念。比如，西安交通大学、复旦大学的书院都以校长的名字命名，从理念上揭示书院的使命，其他书院也大都以能够激发学生积极向上、奋发进取精神的词语命名，以昭示其办院理念。

书院坚持全人教育的理念，以促进学生的全面发展为目标，使学生既能博通古今，又能融汇东西，人文和科技并重，知识和道德齐头并进，实现对学生德育、智育，以及综合素质的培养。

书院教育既包括书院的课堂教学，也包括课外活动。类似学院，书院教育需要有目的、有计划地围绕人才培养目标，促进课外教育与课堂教育的统一，形成教育合力。书院通常都致力于对学生进行通识教育，利用现有的资源开展各种通识课程和活动，形式多样、时间自由、主题多样。书院通识教育主要从书院的特有精神出发，将知识性教育和体验性教育相结合，通过开展学术交流、研讨会、公益活动等"第二课堂"，让学生得到心智上的熏陶。实践中要将书院通识教育灵活的教学方式和规范的教学管理结合起来，在充分调动学生自主学习积极性的基础上构建一个更加规范的实施标准。

除形式多样的通识课程之外，书院还开设丰富多彩的课余活动，以丰富学生生活、增长学生见识、拓宽学生视野和打造多方位育人平台。如南方科技大学树仁书院为活跃学生宿舍生活，开展了树仁讲坛、"行走·人生"、导师分享会、书院剧场、书院夜话、文化之旅等一系列活动。书院还会为导师和学生安排定期的餐会、晚宴等，多种多样的交流形式有利于导师以言传身教的方式将生活态度和治学精神潜移默化地传递给学生。汕头大学志诚书院自2008年成立以后，便将每年10月最后一个周末定为"志诚日"，坚持10年，形成了一脉相承的文化脉络。课余活动是促使教育发生的活动，其范围要广、类型要全，还要与学生需求相适配，如社团活动，志愿者服务活动，文娱体育活动，师生、生生交流活动等都应该包含在内。

书院还要特别重视环境和文化建设，创造优美的环境和浓厚的文化氛围。大学书院不是纯粹的宿舍，关键就在于其文化环境和育人功能。很多大学在原来的学生宿舍植入了大量的文化元素，包括在宿舍公共区域建造具有文化意义的景观和设施，在整个宿舍营造家的氛围。书院的院训、院歌、书院名称等都是传统文化教育的载体，书院中的人际关系、学习风气、建设理念都彰显了书院自身特色的文化精神，既有对传统文化的传承，同时也让学生在传统文化的熏陶中完善品德修养，升华人生价值与精神。

基于以上认识，归纳得出书院内容评价体系由以下评价指标构成（表5-3-2）。

表5-3-2　现代大学书院内容评价指标体系

一级指标	二级指标	三级指标	具体内涵
内容指标	目标理念	教育理念	书院坚持博雅教育、通识教育、全人教育等理念； 书院着重在专业教育之外发挥育人功能； 书院关注学生的德智体美劳全面发展
		基本职能	书院和学院有明确的职责分工； 书院不承担学科专业建设的职能，更多地关注学习学业之外的学生身心发展
	课程体系	课程类型	书院以非正式课程为主要类型
		课程形式	书院课程具有实践性、活动性特点； 书院课程以第二、第三课堂为主要阵地； 书院课程通常没有学分及考核要求
	活动组织	文化活动	书院形成具有文化标识度的书院文化活动品牌； 书院文化活动以素质拓展类为主要形式，服务于学生的全面素质养成体系； 书院的活动组织以自愿、自发为主要原则

3.书院效用评价指标

现代大学书院作为一种教育形式和人才培养模式，具有文化传承和育人的双重效用。书院重新在各大高校兴起，试图传承古代书院精神，并对学生进行潜移默化的熏陶。

评价书院的效用首先要看书院与学院的协同成效。协同机制的建立有赖于双方明确的职责分工体系、密切的联系沟通机制、激励性的考核评价体制以及统筹协调机制,它们为双院运行提供了坚实的机制保障。此外,评估协同成效要关注两院在各自职责范围内各项核心考核指标是否实现增长,能否协同处理好紧急突发事件,维护校园的和谐平安。

除了协同成效,对书院的效用评价要将育人成效放在重要位置。育人功能是书院的主要功能,育人功能的发挥取决于书院课程、活动开展时学生的参与度、满意度、认可度,正所谓"亲其师,信其道",学生对书院建设的认可、对书院身份的认可都会影响书院对学生的教育效果。如果学生对书院模式、书院氛围非常认可,自然会积极参加书院课程、活动。学生对书院基础设施的满意度、功能用房使用的满意度、课程活动的满意度、学生管理和交流的满意度也一定程度上影响其对书院的认可度及参与度。总之,学生的参与度、满意度、认可度影响学生学习成效和书院的育人效果。书院要更加重视学生在书院的主体地位,尊重其创新精神,为其搭建广阔成长舞台。

基于以上思考,作者从协同成效和育人成效两个方面对书院效用评价指标进行设计(表5-3-3)。

表5-3-3 现代大学书院效用评价指标体系

一级指标	二级指标	三级指标	具体内涵
效用指标	协调成效	协同机制	书院和学院具有相对清晰的职责分工体系; 书院与学院之间建立定期沟通、协商、反馈机制; 书院和学院具有不同的考核评价体系; 学校层面建立协调议事机构,负责协同机制建设
		协同效应	书院和学院能够协同有效处理紧急突发事件; 书院和学院能够实现核心指标数据的稳定增长
	育人成效	学生的参与度	学生能够自觉主动地参与书院活动; 学生愿意和导师保持稳定的互动交流; 书院的活动场地、设备设施等具有较高的利用率
		学生的满意度	书院学生对书院硬件条件设施有较强的依赖; 书院学生对书院各类活动的开展有较高的评价; 学生对书院有较强的身份认同和情感归属; 学生愿意以书院学生身份开展对外联系交流

续表

一级指标	二级指标	三级指标	具体内涵
效用指标	育人成效	学生的发展度	学生的整体学业水平得到提高； 学生的人际交往范围得到扩大； 学生的社会支持系统更为稳定； 学生的集体主义精神得到增强； 学生的跨学科视野得到提升

综合书院建设发展的三大评价指标，作者可以大致勾勒出书院的运行评价指标体系。

以上指标体系涵盖3个一级指标（三个维度），8个二级指标，19个三级指标，51个观测要素。形式指标可以作为判断书院是否构成书院的依据，内容指标考察书院的常规运行，效用指标可以评估书院的运行实效。三个维度互相支持、各有侧重，能够较为全面地对书院从形式到内容进行较为科学的评价。

第四节　高校书院制人才培养模式

书院的建设应始终以学生的全面发展为核心目标，将学生的需求放在首位，并在实际工作中确保这一原则得到恰当的执行。提高书院的治理能力，可从三个关键领域着手：首先是对第一课堂进行整体规划，解决书院活动时间难以集中的难题。学院应在每学期开学前与学院和教务部门沟通协调，规划好学生第一课堂的时间安排。其次是进行深入的调研，根据学生的实际需求来策划书院的各项活动。为了解决学生参与积极性不高的问题，我们应坚持以学生为中心，以问题为导向，通过问卷调查、个别访谈等方法，了解学生对什么感兴趣，对什么有疑问，对什么有需求，这样才能更有针对性地进行教学。最后是选派学生进入社区管理团队，以提升管理效能。在学生社区建设中，选派学生加入管理团队至关重要。在书院的建设过程中，我们应该挑选那些具有强烈责任感、出色能力和高素质的学生，让他们成为社区管理团队的一员，参与社区的日常事务管理。这样不仅可以推动社区的建设，还可以有效地提高学生的管理技能。

从内容方面来讲，专业教育和书院教育的协同关键在两个方面。

一方面是教育内容的显性层面上实现协同,这主要表现为专业教育课程与通识教育课程的有机结合。大家都知道,专业教育的课程主要集中在学科知识学习方面,为学生提供系统的本学科的专业知识;通识教育的课程主要是从基础学科中提取广泛的知识,以深化学生对于人文、社会和自然科学基础知识的理解。有些高校把通识教育课程划分为多个级别。例如哈佛大学把通识教育课程划分为"核心课程和选修课程"。在这当中,核心课程旨在帮助学生更深入地掌握世界的基础概念和相关的研究方法;选修课程则是发展学生的个人兴趣和喜好。这种方式确保了哈佛大学的学生能够接受专业课程、核心课程以及选修课程的综合教育,从而有效地将专业教育与通识教育融为一体。

在当前我国高校的书院制改革中,专业课程与通识课程之间的界限过于明确,专业课程仅在专业学院中学习,而通识课程则仅在书院内学习。因此,整合专业课程和通识课程变得较为重要,需要将通识课程划分为核心和选修两大类,以选修课程为连接两者的桥梁。也就是说,可以将专业课程纳入通识教育的选修部分,供学生选择,这样既尊重了学生的兴趣和选择,也可以淡化"专业主义"思想给学生带来的对专业课程的刻板印象。

另一方面是育人内容隐性层面上实现协同。书院应注重组织和引导学生进行多样化的文化活动,在活动中锻炼和提升学生的交往能力,培养其良好的个性和人格。学院和书院需要将学生的需要作为主要的出发点,协同合作共同设计"实践活动"的内容和形式,组织学生参加课外活动,如"专业话题辩论""模拟社区角色"等。同时,也可应当在环境建设和文化引导方面下功夫,通过潜移默化的方式,让学生抛弃功利思想,自愿参与到形式多样的书院活动中来,只有这样,才能真正地将专业学院与书院的隐性教育作用充分发挥出来。

专业学院与书院的协同育人在形式上主要表现在两方面,即教学方式协同和导师制协同。

首先,教学方式协同。从教学方式来讲,专业学院和书院既有不同之处,也有一定联系。在我国高校中,专业学院采用的是班级授课制。书院则采用了形式化教育和非形式化教育结合的方式,也就是班级授课形式的通识教育和各类文化活动结合的方式。专业学院和书院想要在教学方式上实现协同,关键还是要转变教与学的观念:专业课程要做到同通识教育课一样,形式新颖活泼,知识传授既广博又专业；通识教育课也要学习专业课程的严谨，安排有条理。双方取长补短，才能实现教学方式上的协同。

其次，导师制协同。书院所采用的导师制，同样适用于专业教育。早在书院制诞生以前，专业教育就采用了"导师指导"的教育教学方式。这种方式是指，在学生毕业时必须完成毕业论文的写作，将不同的学生分配给不同的导师，导师负责指导学生的毕业论文写作。书院实施导师制并借鉴了国外大学的先进经验，对导师的职责和功能的定位很高。

所以，只有专业学院教师与书院导师真正地做好协同合作，才能令导师制名副其实，实现育人功能。第一，摒弃以往导师由学校安排的做法，而是由学生自主选择适合自己的导师。至少为每位学生安排两名导师，为其学业和生活保驾护航；与此同时，一位导师也可指导多名学生，他们要在彼此了解的基础上，双向选择。第二，导师的身份应更加灵活。导师分为专业导师和生活导师两种，两者要制订一定的认证标准。无论是普通的教师、经验丰富的教授，或者是优秀的学生，如果自身能够达到导师的认证标准，就可以申请成为导师，为学生提供指导，承担导师的责任。第三，导师制度需要有一定的监督和激励制度。有了监督制度，才能提升导师的主动性，令其尽职尽责；有了激励制度，才能保证导师获得应该得到的利益，使其劳动成果被重视，职业生涯得到很好的发展。

第五节　中国高校书院制典型事例

一、澳门大学书院制

（一）澳门大学书院制的历程与现状

目前为止，澳门大学已经建成了 10 所书院，每一所书院中，有大约 500 名学生，它是整个亚洲规模最大的、最完整的住宿式书院系统。当然，澳门大学的书院制管理模式并非一蹴而就的，而是在发展过程中不断发现问题、积累经验、改进创新才形成的。所以，只有清楚它的发展过程，了解其现状，并总结出发展规律，才能找到其成功的因素。

1. 发展历程

自 2009 年起，时任澳门大学副校长的何顺文教授提出了"四位一体"的管理模式，并在全校实行。此管理模式经历了以下几个阶段：

澳门大学的前身是私立东亚大学，它于 1981 年初成立，1991 年正式更名为澳门大学。此时的澳门大学是一个多元文化的综合化学校，它的更名标志着澳门高等教育的正式发展。时间来到 2006 年，随着 9 月《澳门大学法律制度》和《澳门大学章程》的颁布，澳门大学正式晋升为一所现代化的学校，从此迈上了快速发展之路。

澳门大学的领导者，先后奔赴国外高校和内地高校考察，学习当代最先进的育人理念以及人才培养模式，历经许多次的探讨论证，最终决定借鉴西方大学中先进的住宿式书院制的管理模式和组织结构，同时吸收中国传统书院中的优秀理念——"以人为本、以德育人"，共同作为其办学宗旨。其既吸收中国古代书院育人精神，又引入西方先进管理方式和组织结构，提高学生的道德修养，提升其文化内涵。

历经一系列的前期筹备，2010 年 9 月，澳门大学迎来了东亚书院和珍禧书院的正式开院。这两所书院作为澳门大学住宿式书院的先驱，率先实现了教育模式上的创新，同时它们也是整个澳门高等教育的先行者。这是社群教育在住宿式书院中的首次尝试。

到 2013 年底，澳门大学实现了扩大发展，横琴新校区被正式启用。新校区的启用也将"环境育人"的理想变为现实。2014 年的 8 月，澳门大学正式迁入横琴新校区，从此其"有校无园"的历史正式结束。借着校址搬迁的契机，澳门大学借鉴世界名校的办学理念，在全校全面推行住宿制书院的办学模式，将住宿制书院的建设和本科生的教育并列为学校建设发展的重点。2014 年 12 月，习近平总书记到澳门大学视察访问，在郑裕彤书院，总书记以"要以中华文化为荣"做主题，鼓励大学生积极发言，并将"一国两制"的伟大构想传达给书院的学生，对其寄予厚望。

在澳门大学，每一所书院可以为学生提供大约 500 个学位，对本科学生不分专业、年级，实行随机分配的制度。书院院长和导师共同驻院，和同学一起进行体验式的住宿与学习，成功地将第一、第二课堂结合在一起。根据学校的要求，新入学的本科生必须在书院住宿,到了高年级才可以走读。在这样的书院中,学生早晚都在一起学习,彼此之间有着深厚的友谊,有利于良好关系的建立。同时,这样的经历也是学生成长过程中不可多得的经验和精神财富。

2. 发展现状

就当前高校整体状况而言,不同高校在书院制建设方面的侧重点有所不同,主要包括三种管理模式,分别是双线模式、学生事务管理模式、教学实体模式。其中,澳门大学学习、借鉴了学生事务管理模式。这种模式将中西方观念融合在一起,体现了中国传统文化元素和东方管理哲学思想。在这样的模式下,学生拥有双重身份,既是书院学生又是学院学生。学院负责对学生进行专业教育和教学事务上的管理,而书院则负责开展第二课堂教育,以及其他类型的非正式教育。书院和学院有着明确的分工,同时又密切配合,形成协同育人机制。澳门大学充分发挥了学生事务管理模式的优势,又有着自己的办学特色,在"全人发展"教育理念的指导下,做到了"以学生为本",利用丰富多彩的各种活动和学生自治,将校园特色发挥到极致。

借鉴世界知名大学的成功模式,澳门大学采纳了住宿式书院的教育方式,并实施了独具特色的社区教育。社区教育的核心目标是促进学生的全方位成长,它秉持"全人教育"的教育理念,与学院的制度相互补充。书院内部实施了"社区化管理"策略,鼓励来自各种文化、语言、家庭和教育背景的学生一起生活、互动交流、参与竞赛和共同进步,从而培养他们包容、尊重和接纳多元文化的能力。书院实行"个性化教学",通过有系统的学习计划和体验式的学习策略,使学生达到全面发展的五个软实力"能力指标",即健康生活、领导和服务、人际关系和团队协作、文化参与以及拥有全球视野的公民。书院的学生在学习过程中必须满足三个核心要求:首先是满足大学常规书院教育的整体标准,其次是满足特定书院教育的独特要求,最后是实现个人的自我成长和发展。

在澳门大学的书院制管理模式中,各个书院都建立了一套相对完善的管理体系。这套体系包括:书院综合办公室(主要负责管理和服务书院学生的日常事务,以及人事、财务等多方面的综合事务)、院长办公室(负责书院的整体运营)、副院长办公室(负责书院学生的通识教育、就业辅导和实践活动等方面的工作)、驻院导师办公室(负责学生的日常生活、提供咨询和服务)、外聘专业物业公司

（负责维护书院的建筑和安全保障工作）。具体的管理模式如图 5-5-1 所示。

澳门大学书院制管理模式（管理机构）
- 书院综合办公室
  - 负责书院学生日常管理与服务
  - 负责书院人事、财务等方面工作
- 院长办公室
  - 负责书院整体运营
- 副院长办公室
  - 负责书院学生通识教育、就业辅导、学生实践活动等
- 驻院导师办公室
  - 负责书院学生生活，向学生提供咨询与服务
- 外聘专业物业公司
  - 负责维护书院建筑及安全保障工作

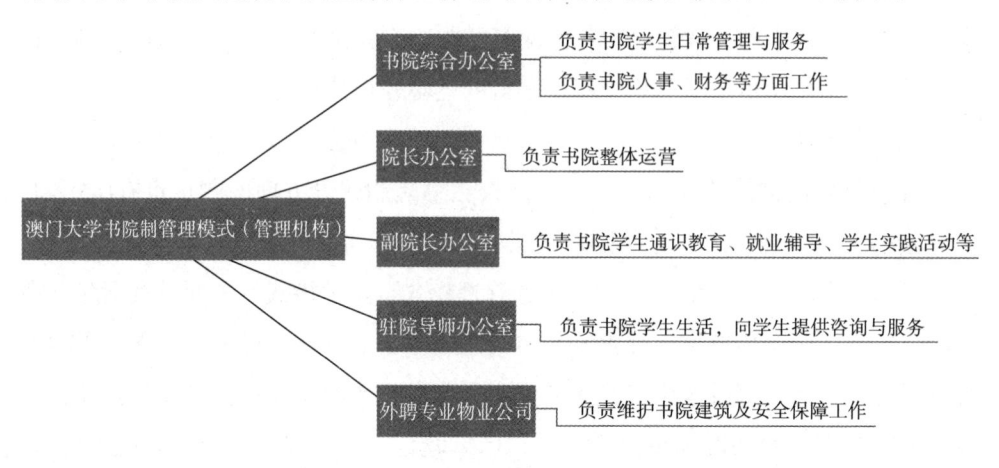

图 5-5-1　澳门大学书院制管理模式（管理机构）

书院的管理团队包括院长、副院长、驻院导师、书院助教、书院学生助理、院生会以及管理机构中的其他教职工成员。

书院设有一位院长，他的主要职责是管理书院。院长都是对教育充满热情、管理经验丰富且学识深厚的资深学者。为了使各个书院具备特色，学校在招募院长的过程中，特意选择了具有不同学术背景和风格的学者。书院的副院长主要负责协助院长在书院规划和管理学生事务方面的工作，妥善处理学生在书院内的生活和学习问题，并对学生的未来发展提供专业建议，与院长共同作为书院的"大家长"。

每一所书院都会有两位驻院导师，他们的主要职责是为书院的学生提供全面的通识教育，并为他们的日常生活和学习提供专业的建议。在课堂之外，他们负责策划、实施和引导学生参与书院的各种活动。除此之外，书院还特别安排了来自不同研究领域的资深学者担任院外导师（Non-Resident Fellows），这些导师并不直接入驻书院，而主要通过与学生进行师生座谈来提供教学指导。导师们会依据各自的专业优势，与学生进行多元化的互动交流，以激发学生对知识探索的热情，并进一步提升他们的学习能力。

书院助教的主要职责是协助在院的导师进行通识教育和实践活动，通常由澳门大学的在读硕士研究生和博士研究生来担任；书院学生助理主要由高年级的本科生担任，他们的主要职责是协助书院的助教团队管理和服务书院学生；院生会

是一个由学生自行组建的自治机构，其主席团是由全体学生通过民主投票选出的。该组织参与书院章程的制定，同时也参与书院文化的建设和日常管理工作，致力于书院家园的建设和特色文化的形成。

澳门大学的书院宿舍是一个小型的社区，除了学习和授课，学生在休息时还可以参与各种各样的课外活动。每一个书院都有其独特的建筑风格，拥有完善的软硬件设施和舒适的环境，为入住的学生提供了学习和生活所需的物质基础。

书院里有食堂和活动中心等，经常组织各类大型的活动。例如，郑裕彤书院内部配备了餐厅、读书室、自习室、音乐室、小型厨房、创客空间、3D打印室、缝纫室、全天候的健身房和舞蹈室、文昌室（设有卡拉OK设备）、讨论室（24小时开放）、洗衣房（24小时开放）、庭院等多种设施。书院学生宿舍是两人一间，有洗手间、冰箱和书桌。从整体上看，书院硬件设施完善，内容丰富多彩，寓住、食、学、娱、健、交多种功能为一体，是教师与学生相互关爱、开展通识教育的理想园地，创设和谐励学人文环境，发挥和正规教学课堂相辅相成相互促进的功能。

（二）澳门大学书院制管理模式的特色

澳门大学依托国家政策的大力扶持和粤港澳大湾区这一有利的地理位置，将中西元素有机结合，通过独特的书院制模式，构建了亚洲最大规模的书院体系。其现代化的教育模式是全国高校参照的一个典范，同时其住宿式书院制也是非常值得其他高校借鉴吸收的。

1. 大力推进"体验式"社群教育

澳门大学实行的是多方位、全天候的教育模式，将通识、研习、社群和专业教育融合在一起，用不同的手段，从不同的角度，全方位培养人才。专业教育在高校中不可或缺，它是指学生在学院中学习学科专业知识和成长；通识教育以培养见多识广、将各种知识融会贯通的人为己任，注重打破专业教育与传统教育之间的边界；研习教育是澳门大学推动的本科生研究实习计划，该计划向学生提供多种科研实习机会，并强调创新和实践；社群教育以住宿式书院作为载体，结合了西方一流大学的住宿学院制及我国优秀传统文化优势，在澳门大学全人教育实践中显示了旺盛的生命力。社群教育重视体验式学习，对学生大学四年的学习有特定的要求，并以系统化的学习规划使学生充分地参与到学习过程中去，通过学生的亲身体验和实践，以生成学习结果为目的，以发展学生良好社会交际能力和促进公民素养为目标。

2.打造独具特色书院文化活动

澳门大学书院制的产生、发展过程具有独特性。每所书院从自身的特点出发，开展独具特色的各种活动，旨在培养不同类型的专业人才。不同的书院选聘的院长拥有不同的教育教学背景，院长对书院教育环境、教育文化和教育目标的不同理解，会给书院带来不同的教育风格，并深深影响着书院文化，具体如表5-5-1所示。

表5-5-1 澳门大学十大书院文化活动

书院名称	书院文化活动
何鸿燊东亚书院	常开展篮球赛、文艺会演、学习研讨会等
曹光彪书院	经常组织国际访学交流、邀请国际知名学者开展讲座
吕志和书院	常举办台湾高校访学、徒步活动
霍英东珍禧书院	服务领导计划、学生出境游、常驻艺术家计划、全人发展等
张昆仑书院	组织学生到内地支教、研习
郑裕彤书院	组织慈善义卖、志愿服务、义教等活动
蔡继友书院	组织跨校交流及暑期访学等活动
马万祺罗柏心书院	每周午餐时间会设立 English Table
满珍纪念书院	常有音乐会及艺术节等活动
绍邦书院	组织开展拓宽知识前沿的研讨会 推动个人成长、改善学习技能的工作坊 丰富文化体验的活动、塑造国际视野的讲座

3.订立"能力指标"和书院教育"评鉴制度"

澳门大学中的书院均采用了通识教育模式，对新入学的学生进行培养。另外，还会让学生进行体验式学习，并对他们的学习生涯进行系统规划，最终使其达到五项软实力"能力指标"，即健康生活指标、领导与服务指标、人际关系和团队合作指标、文化参与指标以及全球视野及国家情怀指标。围绕着上述五项能力指标，书院设置了不同的课程和实践活动，具体有篮球赛（健康生活）、爱心义教与志愿扶贫（领导与服务）、诗歌朗诵会（文化参与）、"一带一路"讲座（家国情怀、全球视野）、院生会选举（团队合作）。开展这些实践活动的目的是，使书院学生更加具有开放性和多元性思维，使其能够站在国际与国家角度思考，信守原则，成为严于律己的、全面发展的、被全球认可的人才。

通过学习，书院学生需要达到三个目标。首先，要达到一般性书院教育的学习目标和要求。其次，要达到书院教育的特殊要求。最后，要达到对自我发展的要求。另外，书院教育中实行评价制度，包括三种评价方式，分别是自我评价、同学评价和教师评价，综合评估学生有没有达到书院的培养要求，还有学生对书院的教育、生活等是否满意。这些评价采用的是形成式的评价，从新生入学到大学毕业持续进行。通过制定"能力指标"和"评价制度"的双向保障确保学生毕业时达到"社群教育"的要求，具体如图 5-5-2 所示。

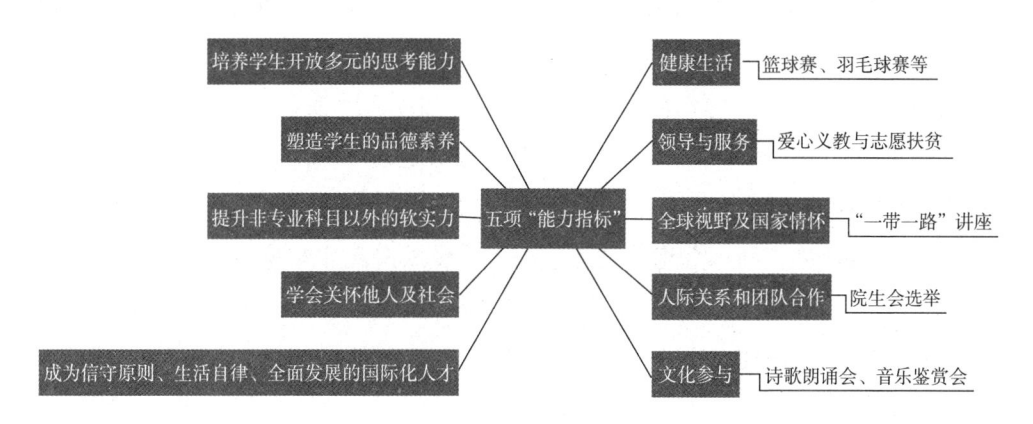

图 5-5-2 书院五项"能力指标"

二、南京审计大学书院制

（一）南京审计大学书院制发展

1. 书院制成立

在 2014 年的 3 月，南京审计大学创办了四所书院，分别是润园书院、泽园书院、澄园书院和沁园书院,期望通过"书院"这一平台,改变财经类高校过分强调专业教育和市场导向,而忽视人文博雅教育的现状。其主要目标是加强对青年的培养,为社会培育出既有高尚品质又有奉献精神的复合型人才。本科生的管理职责被转移到书院,学生的培养主要由学院和书院共同承担,而书院的各种组织则替代了原来的二级学院的学生组织。在书院中,辅导员、通识课程的经费以及学生工作的经费等各种资源都得到了集中分配,这使得住宿社区的公共服务设备有了明显的增加。学生不仅是学院和专业的一部分,同时也是书院和班级的成员。

2. 机构设置及人员组成

在组织结构上,四大书院已经建立了相对完善的党团、行政以及学生自治的组织体系。书院一级建立了党委,在行政层面设有综合办公室、教育管理办公室(也称为导师办公室)以及素质拓展办公室(团委),学生组织包括学生会、校园文化中心、新闻宣传中心和社团联合会等多个部门;在各个楼群中,建立了党建工作组、分团委和学生自管会等机构;楼栋中建立了党支部和团总支,楼层中则有多个书院班级、党小组和团支部。四大书院各自拥有独一无二的LOGO、吉祥物、院旗、院徽和站名等特色标识。

润园书院目前设有5个工作站点,学生总数超过5300人,覆盖了学校12个本科二级学院的42个专业领域,拥有82位书院导师和21位常任导师。书院以"打造宜人的环境、创造卓越的文化氛围、培育杰出人才"为核心理念,积极推广"励志学习、严谨行为、团队协作、共同进步"的院训和"共同学习、共同成长"的文化理念,致力于将书院打造成具有南审特点和自身特质的文化书院、特色书院、品牌书院。

泽园书院设有4个工作站点,超过5500名本科生。目前,拥有28名领导和常务导师,以及2名全职心理咨询师和超过100名兼职导师。书院采纳了"6+1"的素质培养方案,特别强调创建书香、人文和活力三大园区,并深刻体现了"知书达礼共成长、自主致公泽天下"的院训理念。书院的独特之处在于强调将优秀的传统文化与"教学与实践"相结合,鼓励学生研读经典、理解礼仪、遵循礼节,并培育他们的诚信、独立,全心全意为社会服务的精神。大规模地培养和规范学生自治组织,推动30多个学生社团的发展,以拓展学生自我管理的方式。

澄园书院作为全校唯一一所本科生和研究生及留学生共同生活的学院，具有浓郁的国际化气息。现有通识教育导师358名，学生3200余人，涵盖33个专业。该书院将通识教育作为核心，强调两院之间的协同合作，鼓励师生共同进步，致力于打造一个温暖、祥和、分享的学生社区环境；形成了"澄园先锋"、"澄"馨家园、"澄"才共进、师长传"澄"、书香"澄"梦、异彩纷"澄"等六大育人工"澄"，创建了具有书院特色的品牌活动，努力建设人文书院、和谐书院和卓越书院。

沁园书院现有学生3200余名，涉及12个学院29个专业。书院以"求真、至善、尚美"为院训，树立"通识教育、全面培养，师生互动、名师引领，自主管理、自由发展"的理念，探索建立具有南审特色的书院制育人新模式。奉行"一切为了学生，高度尊重学生，全面依靠学生"的生本教育理念，以学生社区为管理平台，构建基于学生兴趣和自主发展的文化组织，创建信息共享、人际互动及文化交流平台等，加强朋辈教育及影响力。

3. 书院制发展和改革

为了与书院制改革相配套，高校还对内部管理运行机制进行了调整，按大部制的理念，确立了党务主导下的大教务、大学务和大总务，探索并构建了"三务联动"教育教学工作格局；尝试实施导师制，根据学业导师、社团导师和就业导师等不同的类别，先后聘请了530名书院导师，以发挥导师作为学院和书院之间联系的桥梁和纽带的作用；探索考核方案改革，推进绩效考核和分配二级管理，实现了学院与书院对接互动；完善书院组织，设立党委书记兼院长1人和副书记若干人；搭建学生信息集成共享平台，便于各方面的信息沟通。

为了进一步探讨书院制改革、探索和创新人才培养模式、提高人才培养质量、加深和其他高校之间的交流与合作。2015—2018年，南京审计大学学务委员会成功地主办了4次南京审计大学书院制论坛，并且每年都会组织一次这样的论坛，进行深入的交流和思想碰撞，各专家献计献策推动现代大学书院制的全面、健康和可持续发展。对南京审计大学而言，书院制论坛为其提供了一个研究、交流与思考的舞台，一条探索、创新之路。借鉴其他院校经验并总结反思自身的不足之处，对于促进南审书院制内涵建设、创建南审特色书院模式以确保书院制稳定可持续发展具有重要意义。

(二)南京审计大学书院制的建设措施

1. 机构联动

"双院"指的是专业学院以及书院,而通常所说的"三务"是指学务、教务、总务委员会。该校立足于通识教育、导师制、学分制和住宿制的机构联动,使得每位教育教学工作者都能够参与到学生的成长中来,从而实现教书育人、管理育人、服务育人的目的。在学生整个学习期间,学校针对其学习生活、就业交友、校友回归等,在每一个阶段都进行了规划以及指导,对学校的每一个场所,如图书馆、宿舍、教室等都加以充分利用。

学生在教室中上课不再是教育的唯一环节,一些非正式的场合也可以开展教育活动。书院制将一些零碎的课外时间系统化、体系化,作为学生学习的另一个场景,具有一定灵活性和选择性。在书院中,学生不会被局限在专业学习中,还能够通过各种渠道去阅读、思考,进行发散性的学习,使自身更加完善。母校不再只是某一个地理坐标,同时也是人生旅途中心灵成长和自我成长的驿站。

2. 课程改革

南京审计大学在对书院制改革之初,便开始着重对人才培养方案做了调整和革新。同以前的方案做对比,新的人才培养方案更加突出了通识教育模块,无论是在学分比重还是内容选择上,都增加了这个模块的比重。目前,通识教育模块由必修课和选修课两部分组成,总共有100个学分。从内容上来看,在原有基础上增加了经典著作导读、唐诗宋词、世界通史、中国哲学简史、逻辑学等课程。通论课程包括经济学通论、法学通论、审计学通论、科学技术通论。两种课程体系相结合,使学生的人文素养得到提升,知识结构更加完善,实现了文理交融和跨学科学习。

另外,书院还特别成立导师工作办公室,后改名为通识教育中心。该办公室的主要工作是,指导与实施通识教育活动,领导开展一系列的活动,如通识教育品牌讲座、微课程计划、经典阅读、特色微课程等。其中,特色微课程十分受欢迎,它的内容包括生活中的博弈、中华传统经典导论、建筑和自然与文化、英美历史通论等。教授这门课程的教师通常是书院选聘的专业教师,或者是校外的实务界人士。根据通识教育课程的要求,导师会引导学生组成读书小组,并会在每月组织一到两次读书报告会让学生分享和交流;同时,还会组织学生进行社会实践、读书竞赛等，全方位、多角度地培养学生，特别重视对学生的"人格教育"和"文化教育"。

3. 师资团队

2015年5月，南京审计大学颁布了《南京审计学院书院导师工作暂行办法》。其中，强调了书院导师制度的重要性，并强调要坚持以学生为本的理念，基于本校办学的实际状况，并根据青年学生的成长规律对学生进行教育，提高本校育人能力，为社会输送高素质的人才。南京审计大学在探索导师工作模式，鼓励与支持导师关爱学生成才方面作出重要尝试，突出了书院对促进学生发展所起到的重要作用。

书院中的导师通常为本校教师，他们承担着书院导师工作的义务。同时，根据书院"综合引领、重点关注、分类指导"的要求，组建成总导师、学业导师、社团导师、就业导师、通识教育导师的导师团队。导师们可以利用多种形式开展学生教育工作，如书院讲座、社会实践、学生学业指导、微机课程等。导师也可以采用不同的教育方式，如导师论坛、导师私话、导师进班、导师讲座等，来扩大师生的交流沟通渠道，突出了在学生成长中导师所起到的作用。学院支持导师根据自己的专长，从学生的兴趣出发，在书院中积极研究创新书院导师工作模式。

4. 环境建设

书院实行的是全方位育人模式，全体工作人员共同参与，使教育不仅在课堂上，更是融入了社区生活中。通过书院制改革，宿舍的价值被重新定义。宿舍不仅是生活的场所，更成为文化交流、诗意栖居的场所。书院承担着文化教育、文化传承和创新的职责，也是师生生活和交流的重要活动空间，为学生的自我认识、自我成长、自我发展提供了广阔的舞台。

以润园书院为例。该书院有着"励学、敦行、协同、共进"的院训，同时制度和文化建设也较为成熟，通过网络建设，如网站、微信和书院《润》刊等媒体等渠道，积极探索和推行"同学习、共成长"的书院文化。同时，书院还积极加强学风建设，通过推广"先锋计划""励学计划"等，鼓励先锋模范发挥带头作用，以先进带后进，促进书院全体学生的共同进步。广泛开展针对大学生党员干部的教育培训，使其拥有更多管理意识与责任意识。针对书院全体成员，书院每月都会举办不同的专题活动，如先锋阅读月、廉洁文化月等，还通过组织体育比赛、导师沙龙、导师夜话、社团巡礼等丰富多彩的活动，引导学生积极参与进来，为他们提供更广阔的学习交流平台，促进其身心全面健康发展。此外，润园书院院址选在南审校名石广场旁，从2015年末，该校更名为南京审计大学，历史悠久的南京审计学院、南京金融高等专科学校校名石都矗立在这里，展示着学校曾经的风采和历史变迁。学生在这样的氛围里学习、交流谈心，既带着深深的自豪之情，也会不忘本校的"诚信、求是、笃学、致公"的校训和历史文化精神。

5. 学生参与

学校有两套组织结构"书院班级—书院学生会—校学生会"以及"寝室长—楼长—站长"，它们之间互相补充，从小范围的宿舍活动，到大范围的校级活动，学生有机会参与到不同层级的社区和文化活动中来。另外，还有学务委员会设有学生助理团，以便引导学生参与到自身的组织和管理中来。一方面，这样的学生助理团是联系学生与书院、教务与学务的纽带，其存在的目的是方便管理和培养学生人才；另一方面，其也有利于开展同学之间的互动和互学活动，发挥青年学生团结奋进、互助互帮的精神。

参考文献

[1] 宫辉.高校书院发展报告2020[M].西安：西安交通大学出版社，2021.

[2] 董玉红，龚晓会，邓建兴.现代书院与大学生公民品格[M].北京：原子能出版社，2020.

[3] 邓洪波.中国书院史[M].上海：东方出版中心，2004.

[4] 江堤.中国书院小史[M].北京：中国长安出版社，2015.

[5] 白新良.中国古代书院发展史[M].天津：天津大学出版社，1995.

[6] 王艳芳.中国古代书院的学术传统研究[M].南京：南京师范大学出版社，2018.

[7] 章柳泉.中国书院史话宋元明清书院的演变及其内容[M].北京：教育科学出版社，1981.

[8] 周方舒.现代大学书院协同治理研究[M].长春：吉林教育出版社，2021.

[9] 肖永明，吴仰湘.书院传统与当代大学教育岳麓书院本科生导师制的实践与思考[M].长沙：湖南大学出版社，2017.

[10] 王琪，刘鹏.现代大学书院建设的理论与实践[M].西安：陕西人民教育出版社，2018.

[11] 吕婧.书院制模式下大学生职业生涯教育研究[J].科技风，2023（36）：31-33.

[12] 马珺.应用型本科高校书院制建设研究与实践探索[J].河南教育（高等教育），2023（12）：5-7.

[13] 梁方婵.现代大学书院制模式下高校"一站式"学生社区建设的路径探索[J].河北能源职业技术学院学报，2023，23（4）：26-29.

[14] 李留涛.普通高校书院导师制模式的制约因素及路径优化[J].应用型高等教育研究，2023，8（2）：71-75.

[15] 赵予新，陈静.高校书院制改革的双院协同模式问题与实现路径研究——基

于河南部分高校的案例分析[J].河南教育(高等教育),2023(11):13-15.

[16] 王小语,王林桂.多元协同视角下高校书院制协同育人模式构建[J].中国多媒体与网络教学学报(上旬刊),2023(11):116-119.

[17] 暴睿.书院制模式下的高校文化育人的优化路径[J].品位·经典,2023(19):29-31.

[18] 申晓晶.书院制模式下提升高校劳动育人实效的路径探究[J].河南工业大学学报(社会科学版),2023,39(5):98-103.

[19] 王丰,唐卫民.哈佛大学住宿书院:历史变迁、实践价值及其借鉴[J].高校后勤研究,2023(10):81-84.

[20] 倪阳,贺维桢.从"脱域"到"嵌入"——传统书院人文精神的现代转译[J].住区,2023(5):131-137.

[21] 王庆.Y高校书院制管理模式研究[D].郑州:河南财经政法大学,2022.

[22] 周隽弋.目标群体视域下"双一流"高校书院治理问题研究[D].上海:华东师范大学,2021.

[23] 徐海艳.书院制模式下高校学生宿舍建筑设计研究[D].荆州:长江大学,2021.

[24] 李娟.基于建成环境主观评价的高校住宿式书院建筑设计策略研究[D].广州:华南理工大学,2020.

[25] 项梦丹.高校书院制育人成效研究[D].广州:华南理工大学,2020.

[26] 徐菁辉.高校书院思政育人模式研究[D].西安:西安电子科技大学,2020.

[27] 柴怡.书院制育人模式的理论和实践研究[D].太原:山西师范大学,2020.

[28] 温茜玥.高院书院制住宿建筑规划及设计研究[D].杭州:浙江大学,2016.

[29] 李良杰.书院制背景下大学生心理健康教育现状分析及对策研究[D].济南:山东大学,2015.

[30] 李晓娟.中国传统书院文化及其当代教育价值研究[D].西安:长安大学,2013.